编 委 会

主　编：高　云

编　委：史亚娟　孙　莉　刘敬伟
　　　　张欣阳　赵思晴

随着《北京市"十四五"时期教育改革和发展规划（2021—2025年）》的发布和教育部《幼儿园保育教育质量评估指南》的印发，学前教育改革愈加深入。这种改革不仅仅是课程表面化的内容与形式的改变，更是从管理理念、管理方法、管理机制到全体教职工儿童观、教育观的改变，是教育者教育行为和育人方式的改变。在新的形势下，每一所幼儿园的发展都面临着新的机遇和挑战，如何提高教育质量，提升办园品质，促进幼儿园高质量发展，是每一位园长和干部教师面临的行动课题。

一、"儿童本位"的理念带给老师的冲击与挑战

多年来，学前教育一直在做课程改革，从分科教学到主题活动，从集体活动到区角游戏，再到高瞻课程、学习故事、安吉游戏……在诸多的实践探索中，伴随着的是课程理念以及行为方式的发展变化。

几年前，我们的老师大多从参考资料里去找一些综合性主题活动来开展活动。从教师专业发展来看，从书本中找现成的活动，使教师重在执行预设的活动，关注点在"教什么，怎么教"。而对孩子的兴趣是什么？孩子有什么想法？孩子想做什么？孩子有什么需要？老师关注的并不多。随着"儿童本位"这种新的教育理念的冲击，老师们开始思考"以教定学"和"以学定教"的核心意义，开始关注儿童是怎么学习的，也开始反思我们的课程存在着与儿童发展相背离的问题。于是我们尝试扔开参考教材，关注儿童真实的生活和游戏，抓住教育契机生成主题活动。但新的问题又产生了，老师们

的惯性思维和固有的教育观，使得看似依据幼儿兴趣生成的主题活动由于教师缺少倾听、观察和解读幼儿，很快又变成了教师主导，甚至变成了领域活动的大拼盘，活动中看不到儿童的想法，更没有办法关注每一名幼儿的兴趣和实际发展需要。当我们对孩子提出统一的目标要求的时候，孩子是不可能实现自主的，我们也不可能看到孩子的主动学习。"儿童本位"这一新的教育理念如何落地带给教师巨大的挑战。

二、探索生活化园本课程的变革之路

2021年，幼儿园依托"十四五"课题研究，开始进行"真生活"园本课程建构。通过半年的实践探索，我们发现生活中的小话题、小事件、小问题、小物件、小游戏更容易引发幼儿的兴趣，更容易与幼儿产生互动，更容易追随幼儿的脚步，更容易引发幼儿的深入探究，也能够更好地支持幼儿的主动学习。因此我们鼓励教师从这些具体、好操作的小事情着眼，在倾听与观察的基础上，抓住幼儿当下生活中的兴趣、问题和困惑生成活动，在连续地发现问题、解决问题中促进幼儿主动学习。微主题探究活动就这样应运而生，成为我园"真生活"园本课程的主要实施模式。我们打破传统主题去做微主题，不只是课程模式的变革，更重要的是我们希望能够支持每一个孩子在活动中主动地成长，这是我们最朴素的追求和行动目标。

微主题课程是一个向幼儿的世界开放的课程，强调幼儿自主学习，需要教师摆脱成人固有的思维模式，追随幼儿的视角、幼儿的发展，不断思考幼儿的需要在哪里，幼儿的行动是怎样引发新经验的产生的。正如陶行知先生提出的"教学做合一"理论，"教的法子根据学的法子，学的法子根据做的法子，事怎样做便怎样学，怎样学便怎样教，教与学都以做为中心"。

三、微主题探究活动的特点

1. 儿童本位：活动基于儿童视角，以儿童的立场思考问题，以儿童发展为本。

2. 贴近生活：内容从儿童生活中感兴趣的事物、生活事件、问题中生发。

3. 小切口：从"小"处切入，从具体的事情着手，可以是个人参与、小组参与，也可以是全班幼儿共同参与，持续时间不宜过长。

4. 亲历探究过程：在做事情的过程中，在发现问题、解决问题的过程中持续探索与体验。

5. 多元表达：在活动中，教师和幼儿不断地积累经验，及时复盘与反思，将儿童的学习成果通过多种表达形式进行展示、交流、分享。

微主题相较于传统主题而言，不仅仅是切入口小，时长短，其本质区别是更加关注每一个孩子的兴趣、想法和发展需要，关注每一个孩子个性化的成长。如"藏在植物中的颜色""机器人""我们自己设计棋类游戏""保护小菜园计划""我喜欢的西游记"等活动都是源于幼儿在生活、游戏中感兴趣的事物，一个班几个活动同时进行，进度不一样，持续的时间不一样，参与的幼儿也不一样，孩子们根据自己的兴趣自主选择。孩子们在真实的生活情境及日常游戏中，亲身体验，动手尝试，亲历探究的全过程；在活动中观察思考、发现问题、解决问题，展示自己的探究成果，获得丰富的认知经验与能力。

四、微主题探究活动的实施路径

通过研究，我们梳理出微主题活动实施的三个阶段及教师在各阶段的支持重点。

第一阶段：兴趣萌发，形成探究问题

观察了解儿童是课程的起点。在活动的初始阶段，教师更多的是提供丰富的游戏材料，观察幼儿自主游戏，每天倾听幼儿的游戏想法，给幼儿提供时间和空间，鼓励幼儿分享生活中感兴趣的人、事、物。在此基础上进一步捕捉幼儿感兴趣的点，判断课程是否具有可探究的意义和价值（价值判断），通过进一步创设环境、投放材料、利用相关资源来增强或聚焦幼儿的兴趣。兴趣是心智活动的指向，有愉悦状态相伴随，随之而来并与之相伴的是"好奇""注意""问题""探究"等行为。从兴趣到主动学习，从兴趣到思维，并不是完全的水到渠成，还需要教师在幼儿后面给予支持，延展幼儿的兴趣，通过关键问题引发幼儿进一步探究，从而推动幼儿主动学习。比如，孩子在吃石榴的时候将石榴汁溅在了衣服上，引发了孩子想把石榴汁当成染料来做扎染的兴趣，于是教师为孩子们提供纸、布、扎染工具等材料进行操作尝试，并且提出关键问题"大自然中还有哪些植物能用来做染料？"从而引发幼儿进一步的探究。

第二阶段：深入探究，亲历解决问题

这一阶段是幼儿深入、连续学习的阶段。杜威认为儿童的学习过程与科学家的研究过程一样，都要经历发现问题、提出假设、调查验证、形成结论的过程，而这个过程离不开思维的参与。反过来，儿童的思维也是在参与具体的探究活动中得到发展和深化的。陶行知的"生活教育"强调手脑并用，"手"是指实际操作、亲身体验、直接感知。"脑"是指思维的参与，在与环境、材料的互动中发现问题和解决问题。这些学说和主张都告诉我们，作为教师，我们要放开孩子的手脚，要通过创设相关的情境，抛出问题链引发幼儿讨论、交流，为幼儿的实际操作创造条件，并给予充分的实践机会，使幼儿的学习逐渐深入。在这一阶段，教师要尽量退后，倾听孩子的想法，支持孩子动手的愿望，让孩子"有事可做"。通过调查、分类、测量、实验等探究活动，幼儿不断亲历解决问题，习得探究经验，获得能力发展。在经验分享的过程中，幼儿也会被同伴的发现和新的问题所激发，产生持续研究的动力，参与微主题活动的兴趣会更加浓厚。

第三阶段：多元表达，展示交流成果

这一阶段是探究活动的总结和反思阶段，教师要鼓励幼儿运用多种方式展示自己探究的过程和结果。例如，办一场展览，进行一次表演，开展一次"小课堂"活动，举办一次游戏体验会等。多元表达既帮助幼儿看到自己的进步和成果，体会探究活动的乐趣，形成积极的自我评价，又增强了幼儿的交往、表达与协调的能力，促进了幼儿的全面发展。

回顾这几年，我们从未停止过对课程的思考与探索，从分科课程到综合大主题课程，再到微主题探究课程，从老师预设为主的课程到追随儿童兴趣而生发的课程，我们一直在探寻，什么样的课程才是"以儿童为本"的课程？什么样的课程不仅能够满足儿童学习与发展的需要，而且能够促进他们智慧与心灵的成长？我们越来越清晰地认识到，只有顺应儿童的天性与兴趣，回归与还原儿童本真的生活，激发儿童潜在的力量，促进儿童快乐发展的课程才是他们需要的课程，才是有生命力的课程。

微主题课程开展的三年，我们欣喜地看到了孩子们和老师们的成长。孩子们会观察、会提问、会操作、会发现、会表达了，逐渐形成了自己的学习逻辑。在课程实践中，老师们从不相信孩子，牵着孩子的手走，手把手地教他们应该做什么，应该怎么做，到放开孩子的手，退到孩子身后，给孩子自主的空间，为孩子搭建支架，相信孩子是有能力的学习者。这个过程我们走了很长时间，有时候走着走着也会回到老路上，但我从老师的眼睛里、语言里能看到孩子、听到孩子了，老师的儿童观、教育观在一点一点地发生着变化。在课程中，老师不再去纠结今天是不是要上一节集体教学活动，要教给孩子什么知识点，而是去倾听、观察和解读孩子，去关注孩子每天真正在经历些什么，孩子每天跟老师投放的材料发生了什么样的联系，老师和孩子的互动带给他们什么样的反应，同伴之间如何相处。老师关注的点更加开放，更能把孩子看成一个完整的人来设计课程。

这本书是我园教师在微主题课程的实践过程中形成的一些有代表性的课程故事。我们始终认为，立足"儿童本位"的思想是课程的源头活水，我们始终坚信，将"儿童本位"的思想真正落实到实践中的过程一定能让老师们获得专业成长。当老师们在实践中亲身感受到自主的幼儿焕发出的活力时，课程改革与建构就能够成为教师自觉的行为。

　　真诚地感谢北京市西城区教育研修学院乔梅副院长、陈立主任以及各位教研员的指导。高质量课程体系不是一蹴而就的，我们将再接再厉，不断完善我们的管理与课程建设，为实现高质量教育不懈努力！我们始终在路上！

编　者

目录

前言

第一章　小班微主题活动

一、吹泡泡

教师：赵静

★ 活动缘起

果果洗手时，双手搓出好多泡泡。他轻轻一吹，手中出现了一个巨大的泡泡。他兴奋地举高双手说："老师，看！这有一个大泡泡！"旁边的小朋友看到后一阵惊叹，纷纷模仿起来（图1-1）。

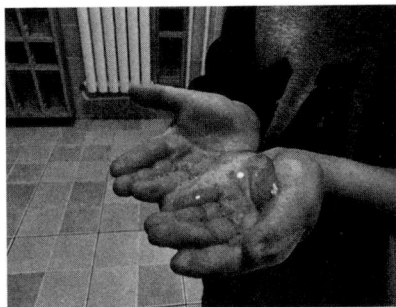

图1-1

幼儿天生喜欢探索，具有很强的好奇心，对于一切新事物的出现都感觉新奇。作为教师，应密切关注幼儿，将他们身边偶发并蕴含一定教育价值的事物与现象作为探索、研究的对象。在孩子的笑脸与讨论声中，我看到了他们对泡泡的兴趣与疑惑，于是想借此机会和孩子走进泡泡的世界，开启一段精彩纷呈的探秘泡泡之旅。

★ 活动发展目标

1. 对泡泡的产生感兴趣，大胆尝试制作泡泡液。
2. 能够运用观察、比较、记录等方式进行简单的科学探究，和老师一起寻找问题的答案和解决问题的办法，并用语言进行表述。

3. 借助手工、绘画等多种形式表现自己观察到的泡泡，富有个性地表达自己的情感和体验。

❀ 活动思维导图

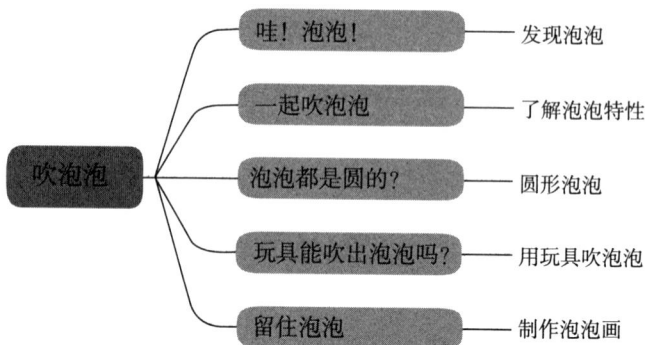

```
                    ┌─ 哇！泡泡！ ──── 发现泡泡
                    │
                    ├─ 一起吹泡泡 ──── 了解泡泡特性
                    │
           吹泡泡 ───┼─ 泡泡都是圆的？ ──── 圆形泡泡
                    │
                    ├─ 玩具能吹出泡泡吗？ ──── 用玩具吹泡泡
                    │
                    └─ 留住泡泡 ──── 制作泡泡画
```

❀ 活动过程

第一阶段：兴趣萌发，形成探究问题

活动：一起吹泡泡

孩子们七嘴八舌地讨论着："我一搓手上的洗手液就出现好多小泡泡。""泡泡在我手上待了一会儿就没了。""我家有吹泡泡机，能吹出特别大的泡泡呢。"

第二天，孩子们从家里带来了吹泡泡玩具，老师也准备了不同的工具，大家一起吹泡泡。老师："孩子们，你们吹过泡泡吗？是怎么吹的呢？"果果说："我把嘴对着玩具，一吹就出来了。"贝贝说："我有泡泡机，一按就出泡泡。"大家纷纷表达着自己对泡泡的经验。老师拿出大家共同准备的玩具，小朋友们纷纷选择自己喜欢的工具玩了起来。

果果拿着泡泡机轻轻一按，一下子出来好多泡泡。小朋友们兴奋地跳起来去抓泡泡（图1-2）。蜜蜜拿起三角形泡泡玩具，将棒棒蘸满泡泡液，摁下按钮，轻轻一划，出现一个又大又长的泡泡（1-3）。小朋友们看到一边拍手一边大声叫着："哇，这个泡泡好大、好长啊！"康康选的圆形泡泡玩具，他轻轻一吹，一个个圆形的泡泡飘在空中（图1-4）。很多小朋友一起去追飘在空中的泡泡，追着追着泡泡就不见了（图1-5）。

游戏后，小朋友们对泡泡有了新的认识与发现，纷纷表达着自己的感受："泡泡很漂亮，五颜六色的""泡泡是圆圆的、小小的""泡泡总往天上飞""为什么我一碰泡泡，它就破了？""我吹出的泡泡又大又长""吹泡泡可真好玩呀！""我想吹出星星形状的泡泡，可以吗？能吹出爱心形的泡泡吗？"

图1-2

图1-3

图1-4

图1-5

🚗 阶段分析与思考

幼儿感兴趣的话题	洗手的时候出现了个大泡泡。
幼儿的表现与想要探究的问题	洗手时吹出一个大泡泡。
教师支持策略	1.围绕感兴趣的话题展开讨论，了解幼儿对于泡泡的原有经验。 2.提供不同形状的吹泡泡工具，供幼儿探索游戏。
可利用的资源	1.自然资源：在不同天气条件下，泡泡会呈现透明色或彩色。 2.绘本资源：关于泡泡的绘本故事。如《泡泡》《狐狸莫莫吹泡泡》等。 3.家长资源：提供吹泡泡工具；共同制作泡泡水、泡泡画。 4.班级资源：班级洗手液、洗衣粉等清洁物品可以调制成泡泡液；可以吹出泡泡的各种玩具。

《指南》中指出："幼儿对周围的事物和现象感兴趣,成人要善于发现和保护幼儿的好奇心,鼓励幼儿根据观察或发现提出值得探究的问题。"对泡泡的观察与探索既能让孩子感受到探索游戏的乐趣,又能积累关于泡泡的经验,同时锻炼幼儿的观察能力,进而发现生活中值得探索的事物。教师及时捕捉到幼儿的兴趣,基于幼儿的想法,提供场地与工具与孩子们一起吹泡泡。让幼儿在亲身体验、直观感受中去了解泡泡的特性。活动后,教师及时记录下幼儿对泡泡的观察与发现,同时捕捉到幼儿对泡泡的疑问,持续推进主题活动。

第二阶段:深入探究,亲历解决问题

活动一:泡泡都是圆的吗?

基于孩子们的疑问和愿望,老师准备了很多不同形状的吹泡泡工具,有正方形、三角形、爱心形、星星形等。老师问:"你们觉得这些工具能吹出什么形状的泡泡呢?"孩子们回答道:"星星形吹出来的泡泡是星星形的。""三角形吹出来的肯定是三角形泡泡。""爱心形的工具一定能吹出爱心形的泡泡!"……孩子们大胆地诉说着自己对于泡泡形状的猜想,教师也将这些猜想记录下来。"那我们就一起来试试吧,看看这些工具吹出来的泡泡到底是什么形状的。"孩子们兴奋地选择工具,自由地尝试着,一会儿就有了答案(图1-6,图1-7)。"老师,我这个是三角形的工具,吹出来的是圆形泡泡。""我选的是爱心形工具,吹出来的也是圆形泡泡。""我这个正方形的工具,吹出来的泡泡也是圆形的。"

图1-6

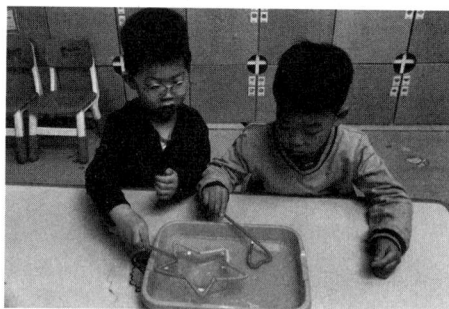

图1-7

老师:"那你们换一个尝试一下,看看其他形状的工具吹出来的都是什么形状的泡泡呢?"于是,孩子们选择不同形状的工具继续尝试。但是无论怎么尝试,最终吹出来的泡泡都是圆形的。我们重新回到记录表前,询问小朋友们刚才实验的结果并记录下来形成对比，孩子们发现，无论是什么形状的工具，吹出来的泡泡都是圆形的。

> **活动思考**：在活动中，教师始终坚持以幼儿为主体，为幼儿创设自由宽松的探索空间，提供各种各样的吹泡泡工具，让幼儿在操作中充分地探索、感受、验证自己的猜测，从而获得知识经验，发展认知能力和观察能力。教师始终是活动的支持者、引导者、参与者、协调者，幼儿自然成为活动的探索者、知识的建构者。

活动二：玩具能吹出泡泡吗？

弈鸣："那咱们班的玩具吹出来的也是圆形泡泡吗？"老师："咱们可以一起试试呀。"孩子们便开始在班中寻找各种各样的吹泡泡工具。贝贝拿出了娃娃家的小锅盖，被小朋友们制止道："贝贝，你这个吹不出来泡泡的。"贝贝："肯定能吹出来，我去试一试。"他将锅盖蘸了一些泡泡液，使劲一吹，果然没吹出来。他挠挠头说道："什么样的才能吹出来呢？"贝贝又去游戏区中

图 1-8

寻找材料，这次他带回来的是一个管道玩具，他将管道玩具圆圆的一头蘸取泡泡液，使劲一吹，这下吹出了一个大泡泡（图1-8）。他拿着这个玩具告诉旁边的小朋友："有洞洞的玩具才能吹出来，没洞的可不行。"小朋友们点点头，继续尝试。媛媛从美工区拿出一根扭扭棒，将扭扭棒一头弯曲成圆形后蘸取泡泡液，同样也能吹出泡泡来。小朋友们看到媛媛的做法纷纷模仿起来，开始自制吹泡泡工具。

> **活动思考**：从教师提供泡泡工具，到孩子主动寻找，再到孩子自制吹泡泡工具。面对问题，教师并没有直接告诉他们答案，而是鼓励他们自己去尝试。孩子们在一遍遍的尝试、探索中发现：没有洞洞的锅盖吹不出泡泡，能吹出泡泡的东西需要有一个必要条件，那就是有洞洞。心理学家皮亚杰说："每当我们告诉孩子一个答案，都剥夺了孩子一次学习的机会。"鼓励孩子动脑筋思考，别急着告诉孩子答案，是鼓励孩子建立自信、走向独立的好方法，这是一个学习成长的过程，一个好问题甚至胜过

一个好答案。提问也是锻炼思维的一种重要方式,通过问问题引导幼儿发现问题、解决问题,使幼儿在自主尝试中获得成就感,学会思考。

阶段分析与思考

幼儿深入探究的表现(探索与发现)	1. 在游戏的过程中发现不同形状的泡泡工具,产生了疑问:泡泡都是圆的吗?玩具能吹出泡泡吗?进而生发了对泡泡工具的探索。 2. 泡泡水没有了之后,孩子们开始尝试用洗手液制作泡泡水。
教师支持指导策略和活动形式	1. 户外活动。先让幼儿进行猜想,是否不同形状的工具吹出来的泡泡都是圆形的,再提供不同形状的吹泡泡工具,让幼儿探索并观察泡泡的形状。 2. 集体教育活动。提供玩具等多种材料,鼓励幼儿尝试制作吹泡泡工具,再次验证猜想。

第三阶段:多元表达,展示交流成果

活动:留住泡泡

游戏时,形形看到空中飞舞的泡泡感叹道:"泡泡真好看呀!可是一碰就破了,怎样才可以留住美丽的泡泡呢?"大家萌发了想要将泡泡保留下来的愿望。依瑾来到美工区选择了泡沫纸,又挑选了一个圆形丙烯颜料罐子,将泡沫纸贴在罐子上,涂上好看的颜色,再拓印在画纸上,画纸上很快呈现出一个个圆泡泡。我问她:"你创作的是什么呢?"依瑾说:"我把泡泡变成了一朵小花,一会儿我给它画一些叶子。"小鹿在美工区找到了吸管,然后将颜料混合在泡泡水里,对着画纸轻轻一吹,画纸上马上就呈现出了七彩泡泡的轮廓。小鹿兴奋地喊道:"老师快看,彩色的泡泡!"小朋友们听到声音纷纷围过来,看到此情景惊喜地拍手:"真把泡泡留住了,太厉害了!"(图1-9,图1-10)

图1-9

图1-10

活动思考：孩子们选择不同材料，尽情地在画纸上创作出美丽的泡泡画，把生活中美丽但易破裂的泡泡用色彩的方式进行留存。在选择材料时，孩子们仔细观察，认真思考哪些材料能够表现泡泡的特性，不断尝试调整，利用不同形式进行艺术创作。整个创作过程培养了孩子们对色彩的感受力，更让孩子们体验到美术活动的无限乐趣。

阶段分析与思考

幼儿获得的新经验与成果展示	1. 在活动中积极猜想，大胆表达自己的想法并与同伴交流分享。 2. 通过多种感官感受泡泡的颜色、易破等特性。 3. 有好奇心、求知欲，感受科学的力量。 4. 能够运用观察、比较、记录等方式进行简单的科学探究，和老师一起寻找答案和解决问题的办法，并用语言进行表述。 5. 借助多种形式富有个性地表达自己的情感和体验。
教师支持指导策略和活动形式	鼓励幼儿将易破的泡泡用自己的方式留下来。

活动总结与反思

《指南》中指出："儿童有着与生俱来的好奇心和探究欲望。"还强调"要尽量创造条件让幼儿实际参加探究活动，使他们感受科学探究的过程和方法，体验发现的乐趣。"面对泡泡，孩子们总有数不尽的憧憬，享不完的乐趣。

1. 活动目标的达成度、内容的适宜性。

本次微主题活动始终以幼儿为主体，跟随孩子的兴趣与需要开展了一个个活动。小班幼儿的学习以游戏为主，从游戏中获得经验与发展，所以开展的活动都是以游戏形式进行的，使幼儿从中收获满满。

2. 亮点与不足。

幼儿的知识、经验来自他们亲自参与的各种各样的实践活动。活动由孩子们自发产生的关于泡泡的探究入题，加上教师有心预设的一个个连锁问题层层深入，激发出幼儿主动、积极、大胆的探索兴趣。对于小班幼儿来说，科学探索方面的知识经验还不丰富，对科学活动的操作缺少经验。通过对泡泡的探索，幼儿增加了对科学的探究兴趣，丰富了对泡泡的认识和经验，在积极探索的过程中不断获取正面的感官体验。在活动开展的过程中，幼儿可能说出了更有价值的话题与疑问，教师没有及时地捕捉到并持续推进开展更有意义的活动。

"幼儿科学学习的核心是激发探究兴趣，体验探究过程，发展初步的探究能力。"生活中蕴含着无数的科学知识，这些都需要老师和家长们在日常生活中多关注，有意识地丰富孩子的知识经验，激发孩子自主探索的欲望，帮助他们发现问题、分析问题和解决问题，让孩子们在活动中充分感知、多元体验、快乐成长！

二、小蝌蚪和大蝌蚪

教师：霍霖笛

🌸 活动缘起

一天，润润带到班上一些黑黑的小蝌蚪，引起了小朋友的兴趣。孩子们七嘴八舌地说着：

"它们是小蝌蚪，我看过蝌蚪动画片。"

"对，书里说蝌蚪是青蛙的宝宝。"

"我们可不可以让小蝌蚪留在班里呀？"

"小蝌蚪有嘴吗？它们吃什么呀？"

在孩子们热闹的讨论中，我们看到了小蝌蚪给孩子带来的快乐，也看到了孩子们强烈的探究兴趣。小蝌蚪代表了大自然中的生命，孩子们的爱心在这一刻被充分激发。润润带来的是青蛙的幼体，而我们生活常见的蛙类还有很多种，如果老师给予幼儿充分的材料支持和与小动物互动的机会，那么幼儿一定会在细致观察、自然知识、关爱生命方面获得极大的发展。

🌸 活动发展目标

1. 喜欢接触大自然，对蝌蚪的生长变化感兴趣，愿意大胆提出自己的猜想和问题。

2. 能够运用观察、对比、记录等方式进行简单的科学探究，和老师一起寻找答案和解决问题的办法，并用语言进行表述。

3. 愿意主动照顾蝌蚪，关心蝌蚪，逐渐萌发责任感和成就感。

4. 借助手工、绘画等多种形式表现自己观察到的小蝌蚪。

5. 能细致观察对比青蛙、牛蛙的不同，丰富对大自然的认知。

✿ 活动思维导图

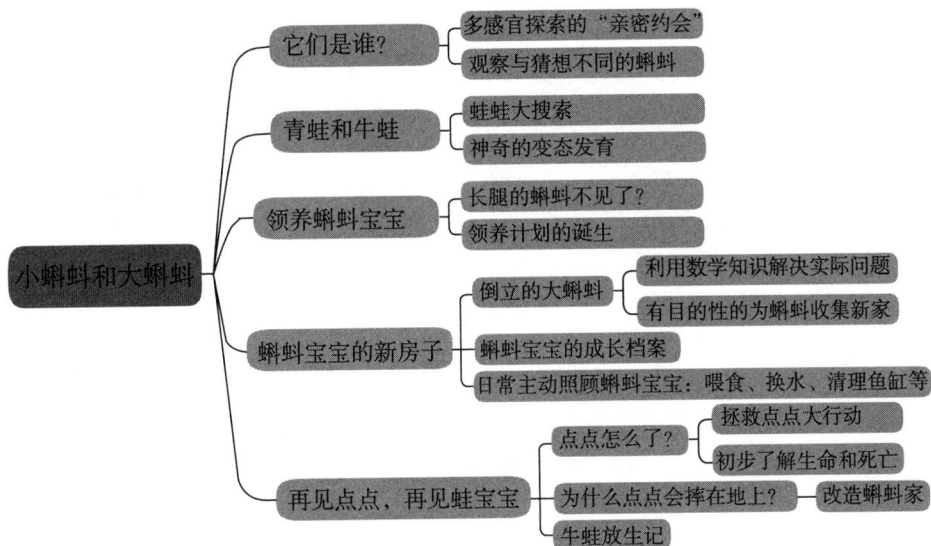

✿ 活动过程

第一阶段：兴趣萌发，形成探究问题

活动：它们是谁？

润润拿来了一缸黑黑的小蝌蚪。第二天，老师又带来了一缸大蝌蚪（图1-11，图1-12）。孩子们兴奋极了，纷纷围在蝌蚪周围，目不转睛地看着，喋喋不休地讨论着：

"它的脑袋好大呀，尾巴长长的。"

"这个大的是什么？它们也是蝌蚪吗？"

"这么大，看着像是鱼。"

"是蛇吧，在水里扭来扭去的，就像故事里扭来扭去的小蛇一样！"

"大的肯定就是小蝌蚪的妈妈！"

"不对吧，我看过《小蝌蚪找妈妈》，书里说蝌蚪的妈妈是青蛙。"

……

小朋友都积极地表达着自己对"小蝌蚪"和"大蝌蚪"的观察与猜想。有的胆子大的小朋友伸出了手，轻轻触摸了一下，湿湿的、滑滑的。大蝌蚪甩甩尾巴用力游了一下，小水滴甩到了几名小朋友的身上，孩子们都开心地笑了。

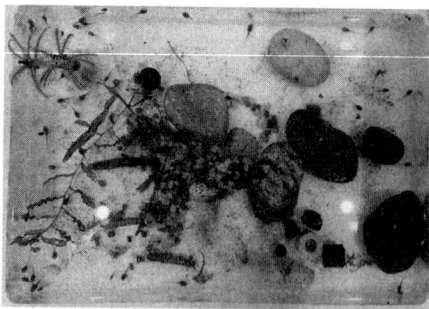

图 1-11

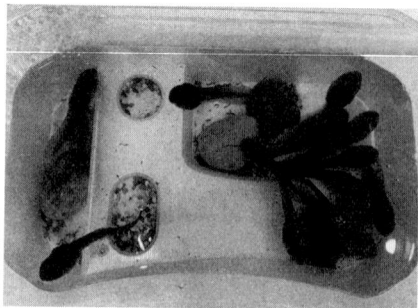

图 1-12

活动思考：《指南》中强调，教师要"支持幼儿在接触自然、生活事物和现象中积累有益的直接经验和感性认识，通过种植和饲养活动感知生物的多样性和独特性，以及生长发育、繁殖和死亡的过程。""大蝌蚪"的加入给孩子们增加了对比观察的机会，也让孩子们能够更清晰地观察蝌蚪的身体特征。虽然还不知道"大蝌蚪"到底是谁，但孩子们的探究兴趣和好奇心被大大地调动起来。

老师给了孩子们充分的时间和蝌蚪亲密接触，并且将孩子们的问题、发现用拍视频和照片的形式记录下来，发到班级群中，引发了家长对于班级微主题的关注。

阶段分析与思考

幼儿感兴趣的话题	幼儿喜欢小蝌蚪，认为小蝌蚪十分可爱。
幼儿的表现与想要探究的问题	1. 萌发饲养小蝌蚪的愿望。 2. 主动观察小蝌蚪，渴望进一步了解小蝌蚪。
教师支持策略	1. 给予幼儿充分观察小蝌蚪并提出猜想的机会。 2. 为幼儿提供可以对比观察的另一种大蝌蚪——牛蛙蝌蚪，进一步激发幼儿的探究欲望。
可利用的资源	1. 自然资源：幼儿园位于河边，幼儿在生活中有观察、捕捉蝌蚪的机会。 2. 在捕捉到幼儿对蝌蚪的探究兴趣时，及时提供大蝌蚪。

蝌蚪是很多动画中常见的主人公，也是孩子们身边常见的一种小动物。但许多幼儿在活动前都没有见过真的蝌蚪。润润带来的小蝌蚪成功激发了幼儿新旧经验的碰撞，使小班幼儿产生了强烈的好奇心和求知欲，这一点从他们不由自主地提出猜想便能看出。

蝌蚪与其他动物在成长过程中有明显的不同——变态发育。如果开展饲养小蝌蚪的活动，幼儿将会在照顾小蝌蚪的过程中见证这一神奇的自然规律，积累科学知识，也会体验到坚持照顾蝌蚪宝宝的成就感。

将小蝌蚪作为活动材料也存在一定的弊端。第一，小蝌蚪体型过小，不利于小班幼儿观察；第二，单纯接触青蛙的蝌蚪容易使幼儿获得的经验片面化。综合考虑后，教师为幼儿提供牛蛙大蝌蚪，希望幼儿能从两种不同蝌蚪身上生发出更多的可能性。

第二阶段：深入探究，亲历解决问题

活动一：青蛙和牛蛙

孩子们对蝌蚪的兴趣愈发浓厚，我们使用马赛克魔毯方法与孩子们再一次回顾，孩子们积极分享。有的孩子回家后和爸爸妈妈一起讨论、上网查找资料，有的在绘本中寻找答案。原来大蝌蚪和小蝌蚪都是蝌蚪，但是它们的妈妈却不一样，小蝌蚪的妈妈是青蛙，大蝌蚪的妈妈是牛蛙。但是，新的问题又来了：青蛙和牛蛙有什么不一样？

在家园共育活动中，孩子对青蛙和牛蛙有了初步的了解，也知道了蛙有很多种，并不是都像动画片中那样有着白肚皮和绿衣裳。孩子们对各种各样的蛙产生了极大的求知欲，迫不及待地想要看一看小蝌蚪和大蝌蚪的妈妈究竟有哪些不同。带着这样的问题，我和孩子们共同发起了一次"蛙蛙大搜索"的家园共育活动，鼓励孩子们在生活中、绘本中、网络上找到更多不同的蛙，并将自己的发现带来幼儿园一同研究。很快，小朋友们如约将各种各样的蛙类照片和知识汇集到了幼儿园。

1. 孩子们在菜市场和火锅店里都发现了牛蛙的身影，并在工作人员的介绍下了解了这一动物。生活在野外的牛蛙和青蛙一样，以蚊子等害虫为食物。牛蛙也可以人工养殖，成为人类餐桌上营养丰富的美食。

2. 京京在之前旅行的照片中发现了一种全身长满小疙瘩的蛙，妈妈告诉京京，那是蟾蜍，也叫癞蛤蟆，它的身上有毒，不能摸。

3. 有的小朋友来到了爬宠市场，认识了彩色角蛙、脚下长有吸盘可以爬树的树蛙以及中国传统文化中寓意吉祥发财的金蟾。

4. 还有不少小朋友在家长的陪同下通过科普小视频和绘本了解到黑斑蛙、金钱蛙等（图1-13～图1-15）。

图 1-13

图 1-14

图 1-15

活动思考：随着对蝌蚪越来越熟悉，孩子们了解到蝌蚪都会通过变态发育成长为蛙，他们带着这一经验产生了"青蛙和牛蛙有什么不同？"的问题。对这一问题的探索不仅能够满足幼儿对蝌蚪的好奇心，而且能够帮助幼儿积累科学知识，培养幼儿良好的探究意识，于是"蛙蛙大搜索"的活动应运而生。《指南》中指出，教师应"支持幼儿在接触自然、生活事件和现象中积累有益的直接经验和感性认识。"在活动中，孩子们的眼睛不再拘泥于作为宠物的蝌蚪宝宝，而是更加科学全面地了解蛙这类动物在自然界中扮演的角色。孩子们感受到了物种的多样性，更感受到了人与蛙、人与动物、人与自然更加真实、客观的相互依存、相互保护的关系。

活动二：领养蝌蚪宝宝

随着活动的开展，蝌蚪宝宝们也在慢慢长大。一天，孩子们惊喜地发现，一只大蝌蚪的脑袋和尾巴中间长出了两条小小的后腿，这也正是蝌蚪变态发育的第一步，这样的变化令孩子们惊喜极了。可是到了第二天，新的问题也随之出现：长了腿的大蝌蚪怎么不见了？

"大蝌蚪的腿被鱼缸的盖子挡住了，所以小朋友才看不到。"

"是不是那个有腿的大蝌蚪是在水底睡觉的那只？我们只能看到在上边的那些。"

"也有可能是别的蝌蚪的头把它的腿给挡住了。"

一番讨论后，孩子们尝试将大蝌蚪一只一只捞出来验证他们的猜想，最后终于在角落发现了被遮挡住的长腿大蝌蚪（图 1-16）。

孩子们开了一次儿童会议，讨论如何能更好地观察和照顾蝌蚪。最终孩子们决定给每个蝌蚪宝宝都准备一个新家，一只

图 1-16

蝌蚪宝宝由一名小朋友照顾。就这样，领养小蝌蚪的计划在孩子们的无限期待中诞生了。

活动思考：随着蝌蚪的身体开始发生变化，各种各样的问题随之产生："长腿的蝌蚪去哪儿了？""如何观察蝌蚪？"教师则致力于为幼儿营造出一个可以大胆猜想、积极表达、敢于实践的环境，利用儿童会议的形式与孩子们展开讨论。这样的过程不仅解决了当下的问题，而且促进了幼儿的思维发展，让善于思考、自信表达成为他们的习惯，并伴其终身。

活动三：蝌蚪宝宝的新房子

在提出领养小蝌蚪的第二天，就有好几名幼儿从家中带来他们收集的"房子"，其中罗拉带来的是一个小饼干桶，他开心地成为班级中第一名蝌蚪爸爸。正当罗拉举着蝌蚪宝宝兴奋不已时，宁宁突然说："你们看，那个蝌蚪怎么在倒立？"这时孩子们也开始关注罗拉手中的蝌蚪宝宝。只见大蝌蚪头朝下，尾巴直直地向上立着，时不时甩甩尾巴，身体却一动也不动（图1-17，图1-18）。孩子们围在"倒立蝌蚪"周围议论起来，有的说饼干桶太小了，还没有大蝌蚪的身体大，有的说小桶更适合养小蝌蚪，还有的表示准备把家里的大积木桶带来给大蝌蚪住。就这样，小朋友们开始有目的地寻找蝌蚪的"家"，蝌蚪们也陆陆续续住进了新家。

图1-17  图1-18

活动思考：在讨论和再次收集"新房子"的过程中，孩子们运用数学领域中的大小、长短的知识成功解决了问题。在孩子们的头脑中，数学技能与现实问题碰撞出了火花。孩子们很开心蝌蚪宝宝住进了合适的"新房子"，也为自己的聪明才智感到骄傲，积极思考、主动探究的意识已经在孩子们心中慢慢萌芽。

不仅如此，小朋友们还自发为蝌蚪宝宝取了名字：乐乐的蝌蚪叫点点，因为大蝌蚪的身上有很多黑色的小点点；初初的大蝌蚪宝宝叫巧克力糖，因为它棕色的头长得很像一块巧克力；小宇的两个小蝌蚪一只大一些，身体总是弯着，另一个又黑又小，于是分别叫腰果和芝麻。小朋友们为自己的蝌蚪宝宝精心设计了名牌，利用午点后的时间给自己的蝌蚪宝宝喂食、换水，在老师的辅助下尝试为蝌蚪宝宝建立成长档案，共同见证"蝌蚪变青蛙"这一神奇的现象（图1-19，图1-20）。此时的他们面对蝌蚪宝宝们，不再是单纯的好奇，更多的是关心和爱。

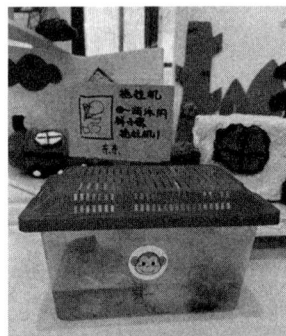

图1-19　　　　　　　　　　图1-20

阶段分析与思考

幼儿深入探究的表现（探索与发现）	1. 关注到小蝌蚪和大蝌蚪的不同之处，并提出诸多猜想。 2. 好奇青蛙与牛蛙的不同，渴望看到不同的蛙。 3. 渴望寻找到长腿的大蝌蚪，并在老师的支持下耐心地付诸行动。 4. 主动在生活中寻找合适的容器饲养小蝌蚪。 5. 发现用小罐子养大蝌蚪会让蝌蚪无法动弹，十分担心蝌蚪的健康。
教师支持指导策略和活动形式	1. 使用马赛克魔毯法，通过阅读绘本、家园共育等形式，形成同伴间的相互学习，进一步深入了解蝌蚪。 2. 利用家长资源，开展"蛙蛙大搜索"活动。 3. 支持幼儿领养小蝌蚪的愿望。 4. 支持幼儿不断测试、调换自己收集的容器，在比较中收获科学知识，肯定幼儿对小生命的关爱之情。

相似又不同的小蝌蚪与大蝌蚪引发了孩子们很多的问题与猜想，如：大蝌蚪是谁？牛蛙和青蛙有什么不同等。小班幼儿总有天马行空的想象力，这是他们独有的年龄特点，也是他们正在产生主动学习的表现。随着与蝌蚪宝宝的朝夕相处，孩子们对蝌蚪这一动物越来越了解，收获了很多大自然中的知识。

第三阶段：多元表达，展示交流成果

活动：再见点点，再见蛙宝宝

这天早上，孩子们刚来园就发现大蝌蚪点点掉落在地上一动不动，孩子们神情紧张地围在大蝌蚪周围（图1-21）。

"怎么回事啊？大蝌蚪怎么掉到地上了？它的肚子怎么流血了？"

"肯定是它的肚皮被摔破了，所以就流血了，一定很疼吧。"

"它在这里不能呼吸了，咱们得赶紧给它放回水里，还要给它喂点食物吧，吃了食物才有力气养伤。"

图1-21

"要不我们把它送到动物医院去吧，我们家的小狗受伤就是送到动物医院治好的。"

……

此时，孩子们已经对蝌蚪宝宝有了很深的感情，他们在心疼点点的同时，也在积极思考着拯救点点的方法，老师也在第一时间支持孩子们的想法并加入拯救行动。我们一起尝试将点点送回水中，将食物放在点点的嘴边，甚至尝试拨通了动物医院的电话。在这一天中，孩子们始终心系着点点，无数次的观察与讨论无不流露出他们对小生命的珍视和爱。

然而，生命的规律并不能因孩子们真挚的爱而改变。第二天，点点彻底不动了，一名有养鱼经验的小朋友向大家分享了小鱼死亡后的样子，孩子们也在悲伤中渐渐接受了点点已经死去的事实。作为教师，我们尊重幼儿的情感流露，肯定他们对小生命的爱和不舍，做到与孩子们共情，引导孩子们用画笔将想对点点说的话记录下来（图1-22，图1-23）。同时我们也应当帮助幼儿客观了解生命的自然规律。

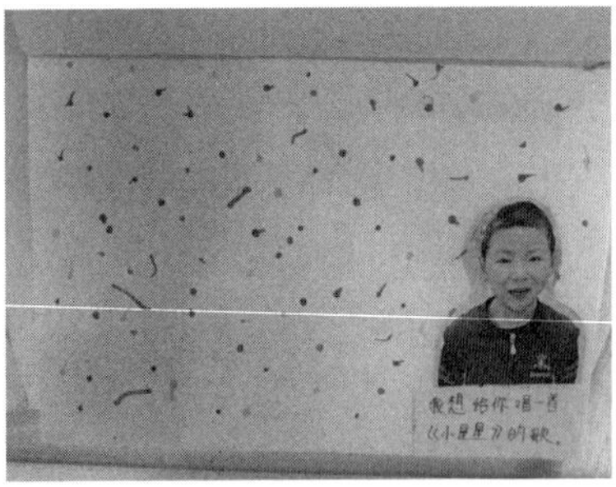

图 1-22

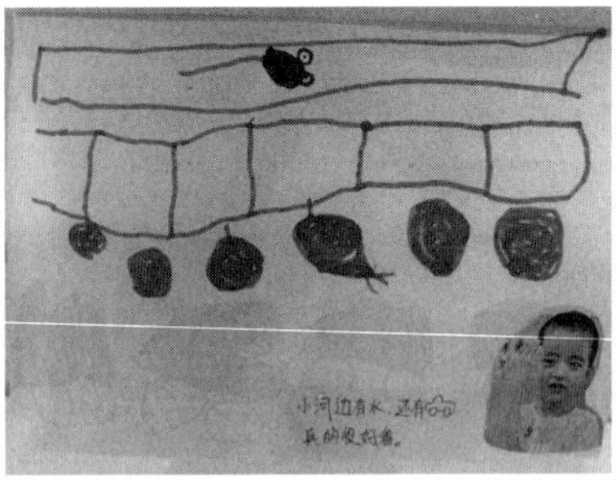

图 1-23

"老师，我们把点点送回小河边吧，那里是它原来的家。"一名小朋友的提议马上得到了孩子们的支持。当天放学后，他作为小代表与妈妈一起将不幸死去的点点送回了小河里，并将过程发到了班级群中。

《指南》指出，我们应"引导幼儿在探究中思考，尝试进行简单的推理和分析，发现事物之间明显的关系。"所以，在送走点点后，讨论并没有结束，我向孩子们提出了一个问题：为什么点点会从水盆里掉到地上呢？

经过对其他健康大蝌蚪的观察，孩子们发现大蝌蚪的身体大大的，所以力气也很大，它们有时会微微跳出水面。点点的房子是一个小铁盆，小铁盆和大蝌蚪差不多高，所以很有可能是点点在用力游泳时不小心跳出了铁盆，结果掉到地上摔破了肚皮。孩子们也将点点事件中的相关经验代入自己的蝌蚪宝宝身上。有的小朋友为蝌蚪宝宝换了更高的房子，有的小朋友在美工区的游戏中给房子设计了盖子或对房子进行了加高。此时，积极思考、动手尝试解决问题已经成为孩子们的一种习惯，这也是他们在课程中最大的收获之一。

随着时间的推移，暑假即将到来，多数大蝌蚪都成功长成了牛蛙，不少小蝌蚪也已经长出了后腿。孩子们决定一同将已经完成变态发育的牛蛙们放回大自然，还没有长成的小蝌蚪们则在暑假期间由各自的主人带回家照顾，待它们变成小青蛙后再结伴放生。

🚗 阶段分析与思考

幼儿获得的新经验与成果展示	1. 幼儿在点点的事件中感受到了生命只有一次以及生命的珍贵。 2. 幼儿将已经长成蛙的蝌蚪放回大自然，将没有长大的蝌蚪宝宝带回家继续照顾。 3. 幼儿进一步感悟到了生命与自然相互依存的关系，萌生爱护动物、保护环境的情感。

（续）

教师支持指导策略和活动形式	1. 支持幼儿各种各样拯救点点的想法，与幼儿共情，充分肯定幼儿的情感表达。 2. 支持幼儿不断将实地考察中的新经验、新发现迁移到搭建游戏中。

点点的死亡，对于大多数幼儿来说是第一次正面死亡，他们有的在想尽办法救活点点，有的不愿相信点点的死亡，还有的结合自己的原有生活经验带领同伴尝试客观判断点点是否还活着。在孩子们这些稚嫩的想法中，我看到了孩子对动物深深的爱。我支持幼儿尝试用想到的一切方法拯救实际上已经濒临死亡的蝌蚪宝宝，用相机录下了幼儿想对点点说的话，鼓励幼儿将自己的心情与感受用画笔记录下来。从孩子们带着遗憾与点点说再见，到在放生活动中满含喜悦地与牛蛙们说再见，无不流露出对生命的珍视与热爱。

🌸 活动总结与反思

饲养小动物的活动在幼儿园活动中并不少见，在本次主题活动之初，我看到了孩子们对蝌蚪宝宝强烈的好奇心和求知欲，大蝌蚪的加入更是为幼儿提供了更多细致观察、对比、猜想的机会。

初见时，活泼好动的蝌蚪对于幼儿来说也许是新奇的"玩具"或者神秘的观察对象。活动中，不论是共同饲养还是领养阶段，我们都给幼儿提供了大量与"蝌蚪"相处、对话、表达看法的机会，充分尊重幼儿与动物相处中的情感价值并开展相关活动，这使得幼儿对小生命的关心和责任感开始慢慢萌芽，他们真心希望这些小生命能获得健康、快乐。当问题不断产生的时候，这份爱成为积极探究、主动学习的原动力，孩子们也收获了珍爱生命、勇于承担、主动探究、坚持不懈等一系列宝贵的品质。

三、睡午觉

教师：孟宇

⭐ 活动缘起

在小班初期的半日适应期，本班幼儿在分离焦虑的过渡上显得格外顺利，大多数幼儿都能保持愉快的心情来园，班级中充满欢声笑语。然而从第一天在园午睡开始，孩子们的情绪突然发生了巨大的转变，半数以上的幼儿躺在床上哭闹不止，大喊着："我不要睡觉！"随之而来便是由"我不想在幼儿园睡觉"引起的来园情绪变化，不少孩子从早上来园时就开始哭泣，一边抽泣一边重复着："我不想睡觉。"午睡成了孩子们适应幼儿园、喜欢幼儿园路上的第一大难关。与此同时，"孩子睡着了吗？有没有哭？"也成为每天家园沟通时的热点话题。对于刚刚入园的小班幼儿来说，午睡时间对他们来说是"漫长"的，但此阶段是孩子们顺利度过分离焦虑期的重要过程，于是经过分析讨论，班级教师决定以孩子们午睡时的情绪和问题为切入点，开展"睡午觉"的班级微主题活动。

🌸 活动发展目标

1. 能保持愉快的心情来园并在老师的陪同下午睡，顺利度过分离焦虑期。

2. 逐渐养成规律作息、按时午睡、自主穿衣等生活好习惯，从身心上积极接纳在园午睡。

3. 在遇到困难和问题时敢于用语言、动作等表达自己的需求和想法，愿意与他人交流。

4. 了解按时午睡对身体的积极作用，初步萌生重视自身健康的意识。

5. 借助家园共育活动，向家长传递生活化课程的教育理念，树立正确的教育观。

🌸 活动思维导图

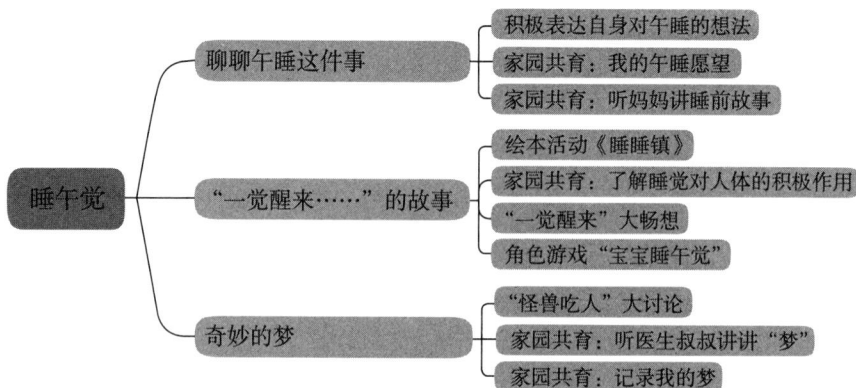

```
                      ┌─ 聊聊午睡这件事 ──┬─ 积极表达自身对午睡的想法
                      │                  ├─ 家园共育：我的午睡愿望
                      │                  └─ 家园共育：听妈妈讲睡前故事
                      │
                      │                  ┌─ 绘本活动《睡睡镇》
  睡午觉 ─────────────┼─ "一觉醒来……"    ├─ 家园共育：了解睡觉对人体的积极作用
                      │   的故事          ├─ "一觉醒来"大畅想
                      │                  └─ 角色游戏"宝宝睡午觉"
                      │
                      │                  ┌─ "怪兽吃人"大讨论
                      └─ 奇妙的梦 ────────┼─ 家园共育：听医生叔叔讲讲"梦"
                                         └─ 家园共育：记录我的梦
```

✿ 活动过程

第一阶段：兴趣萌发，形成探究问题

活动：聊聊午睡这件事

在午睡时，睡眠室总是传出一句相同的话"我不想睡觉"。这句话代表着孩子们对午睡的抗拒，体现出孩子们对于睡觉的无能为力。在他们的世界里，大声哭泣是目前表达情绪的唯一方法。然而对于小班的幼儿来说，尝试用语言与成人进行简单沟通，表达自己的需要或求助于成人也是重要的培养目标之一，教师不禁思考，用什么样的方式才能鼓励孩子们说出自己的想法和需要，而不是一味地用哭闹对抗呢？这一天，我和孩子们围坐在一起，准备和他们一起聊一聊有关睡觉的那些事……

我问："你们喜欢在幼儿园睡午觉吗？"听到这个问题后，个别小朋友马上回答喜欢。然而马上便出现一个带着哭腔的声音："我不喜欢睡觉。"紧接着，更多的小朋友开始重复说"我不喜欢睡觉"。老师则用饱满的情绪回馈着每一个孩子的答案，"哦！妍妍喜欢睡午觉。""好的，宁宁不喜欢睡午觉，我记住了！""哦！原来旗旗也不太喜欢睡觉呀！"……

听到我逐一反馈，孩子们悲伤的情绪好像得到了一丝慰藉，稍微平复了一些。我接着问道："原来你们每个人想的都不一样，有的小朋友喜欢，有的小朋友不喜欢，那你们能告诉告诉我为什么吗？"

"我不喜欢，我喜欢和妈妈一起睡！"

"因为幼儿园的床漂亮，还软软的。"

"我不喜欢睡觉，我要家里的大床和小被被……"说到这里，祎祎突然哭了起来。

我连忙安慰道："别着急，慢慢说，小被被是什么？可以告诉我们吗？"我一边抱住祎祎一边问。

祎祎说："小被被是我的小宝宝，小被被陪我睡觉。"

我说："老师有一个好主意！要不我们邀请小被被一起来幼儿园陪祎祎睡觉吧！"

听到我的提议，依依的哭声戛然而止，她呆呆地看着我。

"好！"紧接着祎祎抹了一把眼泪，笑容又回到了脸上。

"那我也可以带小狮子吗？"小朗满脸期待地问。

"我要带我妈妈！"慕斯站起身激动地说。我走向娃娃家，摘下慕斯一家的

全家福交给他，说："好的，没问题！我们带上妈妈一起睡觉。"

"我也想带妈妈，我想让妈妈来跟老师学一学讲故事，妈妈从来不给我讲睡前故事。"初初一本正经地说，引得班中的孩子和老师都笑了。

渐渐地，孩子们悲伤的情绪被欢乐取代，孩子们滔滔不绝地说着自己有关午睡的想法和愿望，也说着在幼儿园和在家睡觉时的好玩事，好像已经全然忘记睡觉原本是他们不喜欢的事。

从第二天开始，孩子们就陆陆续续地实现自己的愿望。经过家园沟通，几名小朋友带来了陪伴自己睡觉的依恋物，有的小朋友重新为自己选择了小床的位置。没多久，"听妈妈讲一个睡前故事"的家园共育活动也在班级中展开了。家长们争先恐后地报名，通过录音的方式帮助孩子们实现了在幼儿园听妈妈讲故事的愿望。睡觉终于不再是让所有孩子抗拒和害怕的事（图1-24，图1-25）。

图1-24

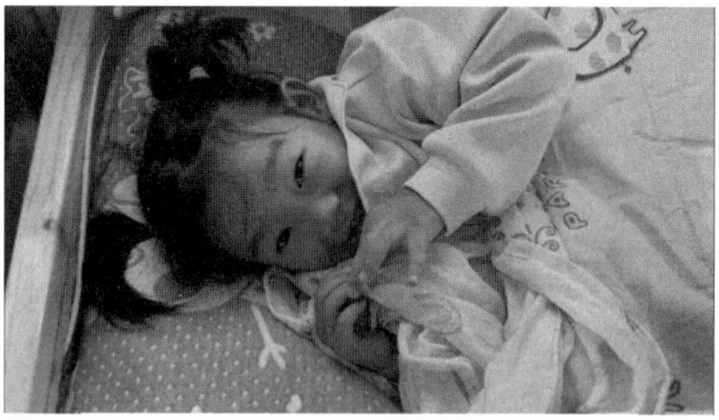

图1-25

活动思考：在中大班，儿童会议是我们常用的一种通过幼儿自由表达、积极思考讨论来提出问题、解决问题的重要方法。对于语言能力、思维能力十分有限的小班幼儿来说，儿童会议是否适合呢？这是我在本次微主题活动开始之前一直思考的问题。

然而正是这一句"我不想睡觉"给了我答案。相比于中大班幼儿，小班幼儿更加需要成人在生活中细致地关注，加之语言能力的限制，孩子经常会有想法却不自知，有需求却说不出。这时，儿童会议就显得十分重要。会议不同于中大班，小班幼儿不会过多参考他人的观点，但获得老师的关注和认可就能使他们大受鼓舞。除了口头回应，"梦想成真"也能使小班初期的幼儿与老师的信任关系更上一层楼。他们也在积极思考、表达想法与需要中渐渐明白，想一想、说一说、试一试远比哭闹更加有效。

阶段分析与思考

幼儿感兴趣的话题	1. 我不喜欢在幼儿园睡午觉。 2. 我想要我的小被被。 3. 我想让妈妈讲故事。
幼儿的表现与想要探究的问题	1. 幼儿对于午睡表现出很大的不适应，情绪有了明显的改变。 2. 幼儿想将自己在家午睡的依恋物带到幼儿园。
教师支持策略	1. 围绕孩子们感兴趣的话题进行讨论，了解孩子们对于午睡的想法。 2. 环境创设：创设温馨童趣的午睡环境。 3. 材料投放：绘本《睡睡镇》。
可利用的资源	1. 班级环境资源：根据幼儿需要创设温馨童趣的午睡环境。 2. 绘本资源：关于午睡的绘本故事，如《睡睡镇》。 3. 家庭资源：家长愿意主动参与，如开展听妈妈讲睡前故事、神奇的梦等家园共育活动。

午睡环节给本来情绪愉快的孩子们带来了不小的挑战。对于家长来说，午睡情况也是他们此阶段最关心的话题。对于刚刚入园的小班幼儿来说，午睡时间对他们来说是"漫长"的，但此阶段是孩子们顺利度过分离焦虑期的重要过程。小班幼儿此阶段应能保持愉快的心情来园并在老师的陪同下午睡，顺利度过分离焦虑期。对此，通过丰富的活动引导幼儿用愉快的情绪接纳午睡这一环节是此阶段的重中之重。

第二阶段：深入探究，亲历解决问题

活动："一觉醒来……"的故事

一天的游戏区时间，子涵在书架上发现了一本有关睡觉的故事书《睡睡镇》。故事完全由简单明了的图片组成，每翻开一页，就会有一个新朋友出现一觉醒来后的新变化，小蝌蚪一觉醒来变成了青蛙，西瓜花一觉醒来变成了大西瓜，小种子一觉醒来变成了大树……在区域分享时间，子涵把这个有关睡觉的故事分享给了小朋友们，有趣的故事情节和色彩鲜艳的图片马上吸引了孩子们（图1-26）。

图1-26

看到孩子们的兴趣已经被有趣的故事情节带动起来，在与孩子们讨论故事的同时，我继续追问："那我们每天也都在幼儿园睡觉，你们一觉醒来都有什么变化？"

陈皮："我妈妈说我睡醒了小脸就变得红扑扑的，就漂亮了。"

乐乐："一觉醒来，我就长大了。"

迪迪："一觉醒来我的力气就变大了，我就能像超人一样打败怪兽了。"

小宇："一觉醒来，我就敢玩最高的大滑梯了！"

从这次区域分享后的讨论开始，孩子们对于午睡的态度再一次发生了转变，不但不再抗拒午睡，反而对于自己午睡之后的新变化充满期待。班级教师也积极开展家园共育活动，鼓励家长和孩子们一起了解睡觉后的变化。孩子们惊喜地发现，原来我们的身体真的可能在睡觉中发生很大的变化，特别是小朋友们最期待的长高基本都是在睡着的时候完成的。午睡起床时，原本不喜欢午睡的润润抖抖肩膀认真地说："老师，我觉得我又长高了一点，还更有力气了！"

孩子们对午睡这件事的兴趣和关注度不仅表现在图书区中与绘本故事的互动，而且在娃娃家增添了新的游戏。孩子们提出，在娃娃家，不能每天都只做饭，还得陪宝宝睡觉，宝宝现在个子这么矮，一定是因为不睡觉。于是老师和孩子们一起重新设计了班级中的娃娃家，将娃娃家分为两个区域，同时结合生活经验为娃娃家确定了角色分工。每天，扮演家长的孩子都能围绕"睡觉"这一话题兴高采烈地进行各种游戏，如为宝宝讲睡前故事，帮宝宝洗澡刷牙，给睡醒的宝宝穿衣服等。孩子们在娃娃家的游戏中模仿自己在生活中对爸爸妈妈和老师的观察，游戏中时常能听到孩子们语重心长地对宝宝说："你要好好睡觉，才能像我一样长高高哦！"

活动思考：这一阶段，孩子们借助绘本故事、家长资源的支持以及教师的引导，对睡觉这件事的态度发生了翻天覆地的变化。他们逐渐实现了由抗拒到接纳，由接纳到期待。小班幼儿喜欢拟人化的游戏形式，绘本故事《睡睡镇》如同打开他们新世界大门的钥匙，在师幼共同阅读的过程中，孩子们的眼中充满惊喜，也彻底改变了对午睡这件事的态度。我们尝试使用马赛克中的魔毯方法，将孩子们起初哭闹不止，到听着妈妈的故事露出微笑以及后续主动为自己整理衣服、帮宝宝盖被子的照片进行播放，使孩子们渐渐感受到自己的成长与进步。

此时，其实幼儿不喜欢在园午睡的问题早已解决，但基于儿童发展的视角，他们的关注点和游戏兴趣还在继续。通过家园互动、角色区重建、制作互动式的绘本故事墙，孩子们越来越善于观察生活，再现生活，期待生活。在围绕睡觉展开的各项活动中，孩子们的成长是多元的，他们敢于大胆表达自己的想法，丰富自身生活经验，提升了动手能力，也在不断模仿成人行为的过程中感受到了家人和老师对自己的爱。

阶段分析与思考

幼儿深入探究的表现（探索与发现）	1. 对绘本《睡睡镇》感兴趣，喜欢故事中的内容。 2. 由绘本故事中的内容引发讨论：一觉醒来后身体有什么变化。 3. 关注班级中其他区域（娃娃家），将午睡游戏带入娃娃家中。
教师支持指导策略和活动形式	1. 鼓励幼儿大胆表达自己对于故事中内容的思考与新发现。 2. 班级教师积极开展家园共育活动，鼓励家长和孩子一起了解睡觉的作用。 3. 使用马赛克中的魔毯方法，使幼儿渐渐感受到自己的成长与进步。

第三阶段：多元表达，展示交流成果

活动：奇妙的梦

一天中午，孩子们都已经进入了梦乡，突然九九大喊一声，紧接着大声地哭起来。不少小朋友被九九的哭声吵醒，有的小朋友在哭声的带动下也开始紧张起来。老师马上抱起九九安慰，渐渐地，他的情绪平复了下来。

老师说："发生什么事了呀？别着急，我可以帮助你。"九九委屈地说："有一个大怪兽追我呢，你快把它赶走！"只见他一脸紧张地指向自己床的位置。其他被吵醒的小朋友也都顺着他指的方向看过去，表情略显害怕。

这时老师就已经明白，九九一定是做噩梦了，但他对于梦的认知有限，无法分辨梦与现实，所以才这么害怕。于是老师首先顺着九九的话安慰道："刚才怪兽已经跑啦，你看是不是没有了？"九九看了看自己的小床，彻底平静了下来，自言自语地说着："吓死我了，差点被吃了。"

起床后，班级幼儿就中午发生的"怪兽吃人"事件展开了讨论。

"中午有一个怪兽跑到我的床上了，差点把我给吃掉！"

"对，我听见你的哭声了。"

"但是我没看见怪兽啊，是不是怪兽被老师赶走了?"

"我没在幼儿园里看到过怪兽啊，他是不是做梦了啊?"

不同的原有经验使孩子们在面对这件事上有不同的态度和看法，有的孩子对于梦没有任何认识，已经将自己带入了"怪兽"的故事中，而有的孩子对梦有浅显的认识。那这么奇怪的事情，我们请谁来解答一下呢? 当然是最了解身体秘密的医生呀! 于是我们通过视频邀请了初初的医生爸爸，为我们讲一讲梦到底是什么。视频中，医生是这样说的:"梦就是我们睡着之后脑袋里想的事情，我们可以想到各种各样的事情，但梦不是真的发生的事情，所以做梦很有趣，很多现实中不会发生的事都会在梦里实现。"

通过医生的解答，孩子们也终于为"怪兽吃人"事件找到了更加科学的答案。"那如果我做梦的话，是不是可以变成小鸟飞上天?"星星激动地说。

"我也做过梦! 我在家的时候做梦了，梦见小朋友们都到我家来一起做游戏了!"

"我梦见过我住在大森林里，和很多小动物在一起。"

"我做梦的时候变成了大巨人，怪兽都害怕我!"

孩子们对梦有了正确的认识之后，他们的讨论兴趣不减反增。我们再一次紧随幼儿的兴趣展开了家园共育活动，鼓励幼儿用多种多样的方式和爸爸妈妈一起记录下"我的神奇梦"并带来幼儿园与同伴分享。孩子们手持自己和爸爸妈妈一起完成的作品，骄傲地站在集体面前，自信且滔滔不绝地讲述着……

班级教师将孩子们的作品装订成册并投放进图书区，成为由孩子们出品的绘本故事《神奇的梦》。在区域游戏时间，时常有几名小朋友围坐在一起，手舞足蹈地说着自己和别人有趣的梦。

在午睡之前的午检环节，还有小朋友满脸期待地告诉老师:"今天我想做一个有关动物园的梦，能变成蝴蝶的梦……"

活动思考: 梦，对于成人来说再熟悉不过了，但对于小班初期的孩子来说，认识起来却不那么容易，他们容易将现实和想象混淆，更难以理解为什么睡着之后会出现可怕的东西。但正因为梦不是真实存在的，它便可以容纳小班幼儿天马行空的幻想。在"怪兽吃人"事件中，我们一方面借助医生家长的介入，帮助幼儿从科学的角度认识梦的本质，另一方面保护小班幼儿天真无邪的想象世界，鼓励他们将各种各样开心、激动、害怕的梦画一画、听一听、讲一讲，将难以控制的梦境化作孩子们自由许愿的天地。

阶段分析与思考

幼儿获得的新经验与成果展示	经过一系列的活动，孩子们更加喜欢幼儿园，喜欢自己的小床，并且能够在幼儿园独立睡午觉了。
教师支持指导策略和活动形式	1. 利用家园共育的形式鼓励家长参与活动。 2. 鼓励幼儿大胆表达自己的想法。

活动总结与反思

幼儿园主题活动应当以儿童为中心展开，而在小班初期孩子们的一片哭声中，他们的兴趣在哪里？什么样的活动才能促进其发展呢？小班初期，幼儿正处于逐渐适应集体生活的阶段，他们的兴趣和关注点往往来源于自己的生活需求。在"睡午觉"的微主题活动中，我们的线索始终围绕孩子们最头疼的"睡觉"问题，这是他们此时最大的需求。他们在活动中也在积极思考并尝试解决自己遇到的困难，这不仅帮助他们顺利度过焦虑期，而且为将来的探究式学习奠定了基础。

小班幼儿的语言能力和思维能力比较有限，这就更需要教师善于从幼儿的行动中读出幼儿的需要或兴趣，辅助幼儿形成一个接一个以幼儿为主体的有趣话题，并在话题中给予幼儿大胆想象、尝试表达的平台。在此过程中，教师需要不断地观察和倾听，帮助或引导幼儿不断梳理其内心想法，从而全身心地投入集体活动中。我认为这是开展小班微主题活动与中大班探究性活动最不同的地方，也是小班幼儿能够成为主动的学习者的重要影响因素。

四、小球滚滚

教师：李斯

活动缘起

春天，随着气温回升，户外丰富多样的玩具材料引起了孩子们浓厚的兴趣。在探索玩小圈、羊角球等游戏时，他们发现了材料滚来滚去的乐趣（图1-27，图1-28）。

"我的小圈能立着滚起来呢！"

"我的足球能滚到保健室呢。"

"我的飞盘也能在地上滚起来。"

在体验游戏的过程中，孩子们自发地表达着他们的发现。

图 1-27　　　　　　　　　　　图 1-28

✿ 活动发展目标

1. 对身边的事物有好奇心和探究兴趣，能够仔细观察，用多种感官或动作去探索发现周围环境中有趣的事情和现象，如小球的滚动、弹跳等。

2. 能够按照自己的想法进行游戏，愿意和同伴一起友好相处。

3. 喜欢承担一些小任务，愿意动手动脑探究问题，并为自己的活动成果感到高兴。

4. 能够在多种游戏中积累有益的直接经验和感性认识。

5. 有良好的倾听习惯，敢于当众表达，能清楚地进行自我表达。

✿ 活动思维导图

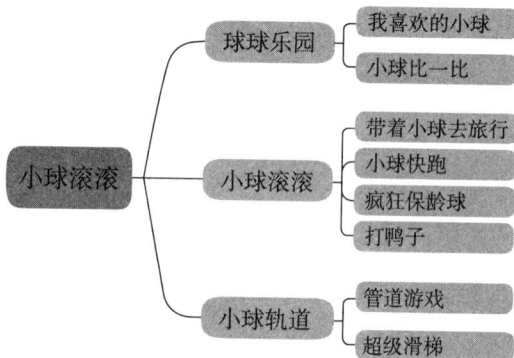

活动过程

第一阶段：兴趣萌发，形成探究问题

活动：滚动乐园

在体验了各式各样能滚动的户外材料后，一颗滚动的小种子在孩子们心中发了芽，他们开始在生活中搜罗各式各样的材料，并尝试让这些小东西滚得更远。看到孩子们的兴趣，我们开展了一场滚动乐园大聚会，鼓励孩子们选择多种多样的游戏材料进行尝试，感知不同形状的物体滚动的特点（图1-29，图1-30）。

"方块的积木是滚不起来的，它是平平的。"

"我的胶带像轮子一样，滚得可快了，但是总是倒。"

"我的小球是最厉害的，它能一直滚，因为它是圆圆的。"

在一场有趣的自主尝试后，我们借助围圈时间来分享自己的游戏体验，在促进同伴交流的同时，鼓励幼儿大胆表达自己的感受与想法。

 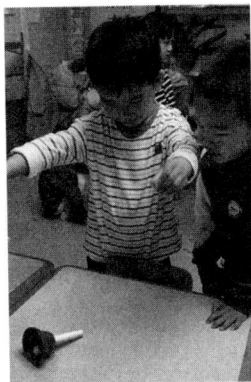

图1-29 　　　　　　　　　图1-30

阶段分析与思考

幼儿感兴趣的话题	哪些材料能滚起来。
幼儿的表现与想要探究的问题	孩子们从教室里、操场上找到了许多游戏材料，并尝试使其滚动起来，感受每种材料滚动时的不同表现。

（续）

教师支持策略	1. 环境：创设宽松自由的探索环境。 2. 材料：提供多种多样的操作材料。 3. 师幼互动。 (1) 你尝试了哪些玩具，它们都能滚起来吗？ (2) 哪个材料滚得最远呢？
可利用的资源	1. 家庭资源：亲子游戏感受生活中的滚动，帮助幼儿积累丰富的生活经验。 2. 绘本资源：投放《球》《小球的旅行》等相关绘本，了解球在运动中各式各样的状态。 3. 游戏资源：调动幼儿关于滚动的原有经验，开展丰富的滚动游戏，激发幼儿对滚动游戏的兴趣。

生活是最好的老师，生活经历帮助幼儿积累了丰富的经验。在生活中尝试和探索各种材料，使孩子们通过游戏自然地发现，球是滚得最厉害的材料，它滚得最快、最远，因为它的身体是圆圆的。探究活动不仅丰富了幼儿的科学认知，而且潜移默化地发展了幼儿的科学探究能力。

第二阶段：深入探究，亲历解决问题

活动一：各式各样的球

各式各样的球成为孩子们眼中最厉害的宝贝，关于球的各种活动也就成为孩子们最喜欢的游戏，球球游戏一时风靡全班。他们带着球球坐滑梯，带着球球钻山洞，比一比谁的球球跳得高、跑得远等，玩得不亦乐乎。在一个个自主创意的玩球游戏后，孩子们又有哪些新的发现与尝试呢？为了了解孩子们的真想法、真问题和真兴趣，我们展开了关于"球球"的围圈讨论。

"我家有乒乓球，黄色的，弹得可高了。"

"我们家有玻璃球，很多颜色，特别漂亮。"

"我最喜欢的是弹力球，我总和爸爸一起玩！"

孩子们兴奋地讨论着、分享着。为了激发孩子们对小球更深的探究兴趣，我们鼓励小朋友们把自己最喜欢的球带到幼儿园和小伙伴进行分享和游戏（图1-31，图1-32）。这既满足了孩子们想要分享游戏的愿望，又促使孩子们在分享和游戏的过程产生新问题、新发现，积累更多关于球的游戏经验。在一场欢乐自由的球球游戏后，孩子们又有了新的发现。

"我把皮球放在平衡木上滚，它滚到一半就掉下去了。"

"我把乒乓球放在平衡木的时候，它能一下滚到头呢。"

图 1-31

图 1-32

活动思考：孩子们激动地分享着自己的发现，老师也备受感染，认真记录下孩子们的话语和想法，分析他们的真兴趣和真问题。经过细致的分析梳理，老师发现孩子们的兴趣点多集中在多种多样的滚动上，他们喜欢把球放在不同材质的材料上滚来滚去或是尝试用不同材质、大小的球滚来滚去。

滚动是生活中常见的物理现象，教师通过问题驱动、围圈活动等方式，引导幼儿围绕滚动这一话题进行讨论，并关注生活中的滚动现象，仔细观察发现小球的滚动与弹跳等特点。多样的球类材料，为幼儿拓宽了游戏视角，能够帮助幼儿丰富关于球的认知，并激发更多的可能性。

活动二：小球滚滚

小朋友对球球游戏的兴趣越来越浓厚，我们一起分享了《小圆球的奇妙旅行》绘本故事，故事中的小球滚到了糖罐里、果篮里……

孩子们也跃跃欲试，时而把自己扮成小球，在绿油油的草地上自由翻滚或是爬到滑梯的最高处然后快速地滑下来；时而带着小球去旅行，小球一会儿滚到了跑道上，一会儿滚到了球筐里，一会儿滚到了小伙伴的手里。孩子们手中的小球滚到了许多许多的地方，这更加吸引和激发他们对小球游戏的期待，迫不及待地想要和小伙伴有更多新的发现。

"涵涵，我的球比你的球滚得远。"

"小球怎么老从轨道上弹出去呢？"

"我的小球还能从下面上滑梯呢。"

在孩子们的交流中，我们惊喜地发现，随着活动的深入探究，他们已经关注到小球的速度、线路、距离。这个发现让老师兴奋不已，也更加期待和孩子们一起充分挖掘周边资源，提供更多的材料和空间，丰富小球滚动的游戏内容，让活动能够产生更多的可能性，使幼儿自然地获得更加多元的发展，积累更多的有益经验。

在上一次的围圈讨论中，孩子们都觉得自己手中的小球是最厉害的，能够滚得又快又远。但是到底哪个小球才是滚得最快最远的呢？带着这样的疑问和好奇，我们开始了一场让小球快跑的探索之旅。孩子们尝试使用各式各样的小球，有的选择乒乓球，有的选择足球，还有的选择羊角球，而老师则提供了不同材质的小路来支持幼儿的探索，包括防滑垫、光滑的木板、凹凸不平的爬爬筒等。孩子们抱着自己心仪的小球在不同的小路上进行尝试（图1-33），不断感知着不同材质、力量等因素对小球滚动快慢、远近的影响。

图1-33

"小皮球是滚得最快的，它很轻，我一推就能滚很远，篮球太沉就滚不远。"

"我的力气很大，什么球我都能让它滚得很远。"

"小球在木板上滚得最快，木板是最滑的。"

活动思考：影响小球滚动距离的因素有许多，例如推动的外部力量、小球自身的材质、小路的材质等。通过活动的开展，孩子们在多种材料、游戏的支持下不断地尝试，大胆表达自己的想法、感受和发现，耐心倾听同伴的想法和意见，积累有益的直接经验和感性认识。孩子有一百种语言，一百种想法，一百种答案，在这次的游戏中，相信每个小朋友心中的答案都不是统一的，也不是唯一的，但这绝对是只属于他们自己的答案。这些答案会帮助孩子们去探索生活，在一次又一次经历中积累丰富的生活经验，这些经验又帮助他们更快地成长起来，成为自己生活的小主人。

阶段分析与思考

幼儿深入探究的表现（探索与发现）	1. 在操作材料的过程中感受各种物品滚动的特性。 2. 探索小球自身的材质、小路的材质等因素对小球滚动距离、速度的影响。
教师支持指导策略和活动形式	1. 鼓励幼儿把喜欢的球带到幼儿园和同伴分享，既满足幼儿分享的游戏愿望，又促使孩子们在分享和游戏的过程产生新问题、新发现，积累更多关于球的游戏经验。 2. 教师通过问题驱动、围圈活动等方式，引导幼儿围绕滚动这一话题进行讨论，使幼儿关注生活中的滚动现象。 3. 通过提供多种操作感知材料，为幼儿的探索提供多种可能性。 4. 尊重幼儿在实际操作中习得的游戏经验，不寻找唯一的答案，支持幼儿的个性化想法。

第三阶段：多元表达，展示交流成果

活动：小球轨道

班级中正在掀起一股关于小球滚动的浪潮。教师基于幼儿的兴趣和原有经验，在区域游戏中添置了许多小球轨道的拼插玩具。孩子们借助多种游戏材料，开始了小球轨道的搭建（图1-34，图1-35）。

图1-34   图1-35

　　小朋友们相互合作，共同搭建他们理想中的超级轨道。但是轨道时而晃晃悠悠，时而从中间断开。面对重重困难，孩子们并没有气馁，而是通过不断更换游戏材料、调整轨道的连接角度或是借助区域分享时间和同伴一起讨论，努力地去解决问题。当小球成功落到终点时，孩子们收获了大大的成就感、满足感和自信心。

　　孩子们的兴趣从对小球滚动的关注，延伸到搭建小球轨道。此时桌面拼插玩具已经不能够满足幼儿的需要，因此教师提供了丰富的低结构管道材料，延续幼儿搭建超级轨道的兴趣与愿望。孩子们通过探索了解材料属性，丰富关于材料的认知经验，在多种游戏中积累并内化经验和认识。看到长长的管道，孩子们又会衍生出哪些有趣的游戏呢？

　　"这个管道弯弯的，像小船一样。"

　　"小球放在里面会滚来滚去。"

　　随着幼儿对游戏材料的感知，我们开展"运输小球""小球传递"的游戏（图1-36，图1-37）。

图1-36

图1-37

　　"管道要举平，不然小球晃来晃去，老是跑到地上。"

　　"小球会跑到低的那边去。"

　　在趣味游戏中，幼儿充分感知材料的属性，已经对小球在管道中滚动的特点有了充分的认识，积累了关于小球在管道中滚动的游戏经验。在借助游戏感知搭建材料的同时，幼儿已经萌发出希望小球从轨道中成功滚下的愿望，开始将手中的材料连接成"小滑梯"的样子。基于幼儿的兴趣，顺应其发展需要，我们开始尝试借助轨道材料以及身边的多种游戏材料，进行小球滑梯的搭建（图1-38，图1-39）。

图 1-38

图 1-39

阶段分析与思考

幼儿获得的新经验与成果展示	幼儿根据在探索过程中收获的关于小球轨道的游戏经验，分小组进行了小球超级大滑梯的搭建，并自由体验了同伴的搭建成果。
教师支持指导策略和活动形式	1. 基于幼儿的兴趣，提供多种游戏材料，进行小球滑梯的搭建。 2. 借助围圈活动帮助幼儿梳理问题、经验，通过实际操作解决搭建问题。 3. 积极创设有趣的游戏情境，使幼儿在积极自主的探究中感受发现问题的乐趣，自然地养成解决问题的能力和思维方式。

活动总结与反思

本次微主题活动是由球引发的一系列探究活动。过程中我们追随孩子们的真兴趣、真问题，充分挖掘周边资源，和孩子们一起尝试、发现、探索、游戏、积累、成长。其中，基于孩子们对滚动现象的兴趣，我们投放了丰富的高结构、低结构材料，开展了多样的滚动游戏，支持他们对滚动现象的深入探究。在为小球构建"轨道滑梯"的游戏过程中，孩子们发现不同造型的轨道对小球的滚动有很大影响，这引起了他们浓厚的兴趣。他们积极主动、认真专注，迁移自己的原有经验，遇到问题时不怕困难、敢于探究与尝试。整个活动让我们感受到了孩子们天马行空的创意、灵活变通的解决方式、真切稚嫩的同伴交流以及收获成功后眉飞色舞的自信和喜悦。孩子们依托熟悉、直观的材料，把滚动这一科学现象转化为能够亲身操作的游戏。在游戏中，孩子们获得了有关滚动的经验与方法，在尝试中体验到和小伙伴一起游戏的快乐和成就感。老师也在游戏的过程中不断提升自我，和孩子们共同成长。接下来，我们还会和孩子们继续探索生活。生活不息，探索不止！

五、好神奇的小石头

教师：王俊超

活动缘起

孩子们对班级新投放的绘本故事《好神奇的小石头》非常感兴趣，大家围在一起，探讨红色的小石头会变成什么。豆豆说："红色的小石头会变成草莓。"同同说："黄色的小石头会变成小汽车。"小妞说："我家里就有很多颜色的小石头，像钻石一样。"小鲸鱼说："我在公园里捡到过很多小石头。""幼儿园后院有石头，咱们去看看吧！""石头好玩吗？"在孩子们的眼里，小石头充满了生命力。

《指南》指出，要引导幼儿对身边常见的事物现象感兴趣，有好奇心和求知欲。绘本中的五彩小石头在日常生活中就十分常见，我们和孩子们一起寻找生活中的小石头，让孩子们更深刻地感受小石头的神奇。

活动发展目标

1. 喜欢接触大自然，能在自然环境和生活环境中观察和发现不同的小石头，并产生好奇。

2. 喜欢倾听小石头和不同材质的物体碰撞发出的声音，感受声音的不同。

3. 喜欢在小石头上涂涂画画、粘粘贴贴，装饰小石头并乐在其中。

4. 能跟随熟悉的音乐，敲击小石头进行简单伴奏。

活动思维导图

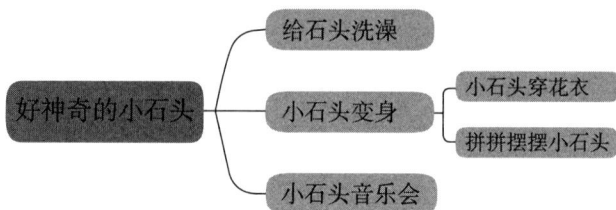

```
                          ┌─ 给石头洗澡
                          │
好神奇的小石头 ───────────┼─ 小石头变身 ──┬─ 小石头穿花衣
                          │               └─ 拼拼摆摆小石头
                          │
                          └─ 小石头音乐会
```

活动过程

第一阶段：兴趣萌发，形成探究问题

活动：给石头洗澡

孩子们捡小石头的热情高涨，班里的石头也越来越多，有的是从山林中捡拾回来的，有的是在花坛、公园等地方找到的。孩子们发现小石头身上有很多土，产生了给小石头好好洗个澡的想法。多多说："小石头太脏了，我需要小刷子来帮忙。"同同用自己的小手帮小石头搓搓澡。鑫鑫："洗澡要用浴液！"说着拿来盥洗室的洗手液，想给小石头洗个泡泡浴（图1-40）。彤彤说："洗完澡要用毛巾裹上，小石头洗完澡会冷，一定要帮小石头擦干身体。"多多把洗干净的小石头晾在走廊（图1-41），说："让小石头晒晒太阳吧！"

很快，原本脏兮兮的小石头们，在小朋友们的悉心呵护下，摇身一变，干净得像在发着光。"你想和洗完澡的小石头做什么游戏呢？"这一问题又激发了孩子们和小石头一起游戏的想法。有的说小石头洗完澡也要穿上漂亮的衣服，有的小朋友觉得小石头现在是自己的好朋友了，想带小石头出去玩。

图1-40

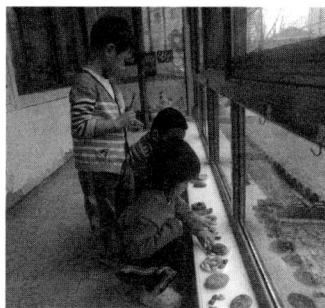

图1-41

活动思考： 在给小石头洗澡的过程中，孩子们可以直接触摸不同的小石头，看到小石头洗澡前后的变化，感受亲自给小石头洗澡的乐趣，收获快乐和成就感。我们也将各种材料和工具，比如大小不同的刷子、洗手液、纸巾等提供给孩子们，支持和记录孩子的想法和创意。在给小石头洗澡的过程中，孩子们将自己关于洗澡的生活经验迁移过来，耐心细致，悉心呵护，让原本枯燥的给石头洗澡这件事变得活泼生动、富有乐趣起来。

阶段分析与思考

幼儿感兴趣的话题	1. 幼儿园后院有石头，咱们去看看吧！ 2. 红色的小石头会变成什么呢？ 3. 石头好玩吗？
幼儿的表现与想要探究的问题	1. 喜欢捡石头，并带到幼儿园和小朋友们分享。 2. 观察和触摸不同形状的小石头。 3. 讨论关于小石头的想象。
教师支持策略	1. 抓住孩子的兴趣，投放关于石头的绘本。 2. 鼓励孩子们捡拾自己喜欢的石头。 3. 倾听孩子们在触摸、观察小石头时的讨论。
可利用的资源	1. 绘本资源：《好神奇的小石头》《小石子，大秘密》《石头小猪》。 2. 自然资源：大自然中的石头。 3. 幼儿园资源：幼儿园后院的小石头。 4. 家长资源：家长陪伴幼儿捡拾或者收集不同的小石头，支持探索和发现。

　　幼儿对事物的探索主要是通过对物体的摸、看、听、闻、尝等感知操作活动进行。《幼儿园教育指导纲要》（以下简称《纲要》）中指出，教师要抓住适宜的机会鼓励和满足幼儿喜欢探索的需要：为幼儿简单、自发的探究活动创造与提供宽松的环境；关注幼儿的好奇心，引导和鼓励幼儿积极运用多种感官感知周围的事物，使幼儿对常见的事物、现象及变化产生兴趣及探究的欲望。

第二阶段：深入探究，亲历解决问题

活动：小石头变身

1. 小石头穿花衣。

　　孩子们把小石头带到美工区，尝试用不同颜色的颜料、丙烯颜料笔、超轻黏土等美工材料给小石头穿上五颜六色的衣服。穿上花衣服的小石头变得更加可爱了（图1-42，图1-43）。

　　五颜六色的小石头深受孩子们的喜爱，摆弄间，小石头们变成各种各样的造型。兜兜分别给自己和爸爸妈妈拼摆了蝴蝶结，中间用小一点的石头，两边用大一点的石头互相拼接，蝴蝶结就巧妙地出现了；鑫鑫用多块小石头拼摆出自己家的大房子，开心地和小朋友们分享自己的成果（图 1 - 44）；芊芊说："这是我的妈妈和一条可爱的小蛇。"（图 1 - 45）

图 1 - 42　　　　　　　　　　　　图 1 - 43

　　　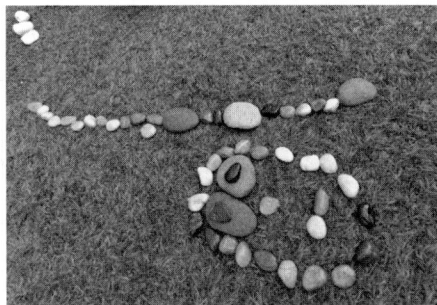

图 1 - 44　　　　　　　　　　　　图 1 - 45

活动思考： 在给小石头穿花衣的过程中，孩子们不仅感受着美，创造着美，而且锻炼着手部精细动作，并且自己发现问题，在交流和分享中一起寻找解决问题的方法。作为老师，我们给孩子们提供了充足的空间，丰富的颜料和工具，鼓励孩子们按照自己的想法进行涂抹和创造；观察和记录孩子们给小石头穿花衣的过程，积极与孩子们在过程中展开对话，了解孩子的想法、创意、遇到的困难或问题；利用区域分享时间与孩子们开展围圈讨论，通过照片展示、抛出问题的方式与孩子们一起在细心观察的基础上，分析问题产生的原因，鼓励孩子们结合自己在美工区的经验提出解决方法并付诸实践。

2. 拼拼摆摆小石头。

在操场上游戏的小朋友也有新的发现。孩子们在草坪上发现了滑梯顶部的小花投下来的影子，于是自发用小石头围了起来。孩子们沿着影子的轮廓，耐心细致地进行围拢，还在中间给影子加上了小眼睛、小鼻子和小嘴巴，石头小精灵出现啦（图1-46）！

图1-46

另外一边，小朋友们发现大王老师的影子也投射在地上，他们连连说让王老师保持动作，从影子的脑袋开始进行围拢。大王老师听从孩子们的要求，一动不动（图1-47）。可是问题来了：大王老师的影子太大了，小石头不够用了怎么办呢？

小朋友们左瞧瞧、右看看，有的小朋友跟旁边的小朋友借小石头，有的把自己拼摆的作品拆开，来帮助拼摆大王老师的影子。越来越多的小朋友的注意力被吸引过来并参与其中，小石头的数量也多了起来。很快，大王老师的石头围摆图案就完成了（图1-48）。

图1-47

图1-48

此后，孩子们在户外和小石头一起做游戏的时候，还是会玩影子游戏，用小石头追随影子的步伐进行围拢和拼摆。

孩子们还从美工区拿来小树枝和雪糕棍，在草坪上拼摆小人，用石头做身体，用树枝或者雪糕棍当作手脚。小石头人有各种各样的造型，有双手举起来的，有小脚跳起来的，有单脚站立的，还有双脚站立的。泽泽看到开开已经拼摆好的小人造型，不由地用自己的身体模仿出了小人的肢体动作，实在太有意思了（图1-49）。开开和鑫鑫也加入这个好玩的游戏当中。小人的造型越来越多，吸引了更多小朋友来挑战（图1-50）。

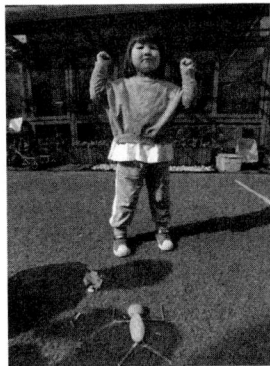

图1-49　　　　　　　　　图1-50

活动思考：简单的自然物的同步投放，让孩子们发现了小石头游戏的多种可能性。孩子们将石头与树枝、雪糕棍进行创意拼摆融合，体现出孩子丰富多变的想象力。肢体运作的模仿和对应，锻炼了幼儿的手眼协调能力。在有趣的游戏中，孩子们乐在其中，也收获着成长。

来到户外后，孩子们的活动空间变大了很多，孩子们对于影子的发现出乎我们的意料。影子和小石头的结合，生发出这么有趣的游戏，让我们看到了孩子们在游戏中的多种创意和可能性。

🚗 阶段分析与思考

幼儿深入探究的表现（探索与发现）	1. 小石头可以拼摆成很多样子。 2. 百变石头造型游戏很好玩，小朋友之间还可以挑战。 3. 小石头穿上衣服变得更漂亮。
教师支持指导策略和活动形式	1. 将小石头投放到美工区，鼓励孩子们按照自己的想法，自主选择材料给小石头穿漂亮衣服。 2. 带小石头出去玩，提供充足的场地和辅助材料，供幼儿尽情创意游戏和拼摆。

可爱干净的小石头成为孩子们新的游戏伙伴，洗完澡之后的小石头可以做些什么呢？孩子们结合自己在美工区的游戏经验，自发地运用画笔和颜料给小石头们穿新衣服，增加了探索运用美工材料的途径。小石头涂鸦也在发展着孩子们的小肌肉动作。小石头拼摆激发着孩子们天马行空的想象力和创造力，让我们看到了小班阶段孩子头脑中丰富多彩的世界。

第三阶段：多元表达，展示交流成果

活动：小石头音乐会

孩子们在拼摆或者游戏过程中，总是会不由自主地敲击小石头，开开激动地告诉老师："老师，小石头和不同的物品碰在一起发出的声音不一样。""怎么不一样呢？"孩子们带着小石头开始了一场声音探秘之旅。"小石头敲滑梯台阶的声音就像在敲鼓，咚咚咚。""小石头敲户外乐器的声音真好听。""你听小石头敲击花盆的声音，是脆脆的（图1-51）。""我担心打碎玻璃，所以我敲玻璃声音很轻。""小石头敲滑梯的声音好刺耳，因为它是铁的（图1-52）。"孩子们在交流分享时表示，石头敲硬的东西时声音很大，敲软的东西时声音就会很小。

 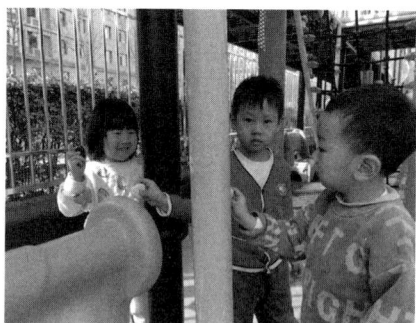

图1-51   图1-52

活动思考：我们把时间和空间交给孩子们，孩子们带着自己的小石头在幼儿园的各个角落开启了探索，发现了小石头和不同材质的物体碰撞出的声音不同的秘密。孩子们是积极主动的学习者，鼓励孩子们自由探索、主动发现、亲身实践、直接感知，远比老师说教让孩子们学习和体会的深刻数倍。

伴随着轻快的音乐节奏，孩子们用小石头进行敲击伴奏。《小星星》《两只老虎》《小茶壶》等孩子们耳熟能详的音乐成为孩子们最喜欢在表演区用小石头伴奏的乐曲。在这一过程中，孩子们逐渐能够跟随音乐节奏的变化进行简单的敲击伴奏，而且能够根据音调的强弱改变敲击力度，音乐的艺术熏陶在潜移默化中影响着孩子们。

🚗 **阶段分析与思考**

幼儿获得的新经验与成果展示	1. 小石头敲击不同的物体可以发出很多不同的声音,有的很好听,有的有点吵。 2. 自主选择敲击物体,结合音乐节奏进行伴奏,开展小石头音乐会。
教师支持指导策略和活动形式	音乐游戏。举办小石头音乐会。将材料投放到表演区供孩子们伴奏表演。

结合小班幼儿的学习方式和学习特点,开展通过多种感官学习和感受感兴趣的事物的探究活动。通过游戏的方式开展活动,孩子们更加专注地体验和学习。孩子们很喜欢小石头,并且综合运用多种感官感知石头的质感、颜色、形状等特征,在有趣的游戏中感受与石头做游戏的快乐。

✿ 活动总结与反思

小小的石头,在孩子们的眼中是一种有趣的玩具,是一份宝贝般的收藏,也是一场充满想象和表达的创意之旅。小石头给了孩子们无限的想象和创作空间,孩子们和小石头一起进行了丰富多彩的游戏。在与小石头游戏的过程中,孩子们的观察力、想象力、创造力、语言表达能力得到了发展。孩子天生就是积极主动的学习者,他们与石头的故事还会在生活中继续……

1. 活动目标的达成度与内容的适宜性。

我们从一本孩子们喜欢的绘本故事中发现了孩子对小石头的兴趣,看到孩子们与小石头游戏的趣味性、丰富性和发展的可能性。在追随孩子们兴趣的基础上,教师给予及时的支持和鼓励,同时把充足的时间和空间交给孩子们,让孩子们在广阔的时空范围内接触自然,与自然亲近,与自然物协作,在富有游戏性的多感官协同运作中收获成长。作为与孩子们一起探究和游戏的老师,我们既是发现者、引导者,更是陪伴者和协作者。

2. 亮点与不足。

小石头在孩子们的小手中有了灵性,变得温暖、鲜活起来。孩子们在充满童趣和想象的游戏中度过了一段快乐时光。更重要的是,与自然物的接触和游戏,让孩子们变得爱自然、爱创造、爱生活。

不足之处在于，孩子们对于小石头的探索更多的体现在艺术领域。作为教师，我们是否可以从科学领域和数学领域开展更为丰富、适合小班阶段年龄特点的活动，值得进一步思考和实践。

六、你好，水果宝宝

教师：王紫璠

🌸 活动缘起

水果是孩子们非常熟悉的食物之一。每天睡醒午觉，迎接孩子们的都是各种各样的水果。吃水果的时候，总能听到孩子们的讨论："我最喜欢吃苹果了""我尝出来了，今天吃的是梨不是苹果，因为我在家里吃过""咦，这个白色的是什么水果呢？""火龙果好多籽啊！"

《纲要》明确指出：要善于发现幼儿感兴趣的事物、游戏和偶发事件中所隐含的教育价值，把握时机，积极引导。听到孩子们七嘴八舌地讨论自己喜欢的水果，看到孩子们对水果的特征有初步的感知并产生浓厚兴趣，我们基于"儿童本位"理念，让幼儿站在课程中央，抓住契机引导孩子们运用多种感官探索水果的秘密。

🌸 活动发展目标

1. 知道日常生活中常见的水果名称，了解水果的特征。

2. 能够在动手操作中观察、比较不同水果的颜色、形状、大小、气味。

3. 了解水果中隐藏的数学，愿意自发地进行游戏，对水果进行分类和排序。

4. 乐意与同伴分享和交流自己的想法，能够运用语言描述对水果的发现。

5. 知道水果有益于人的健康，要多吃水果，养成爱吃水果的好习惯。

6. 能够自己动手操作，探索发现水果里面的秘密。

7. 愿意用多种方式创作和水果有关的作品，增强对美的感受力和创造力。

✿ 活动思维导图

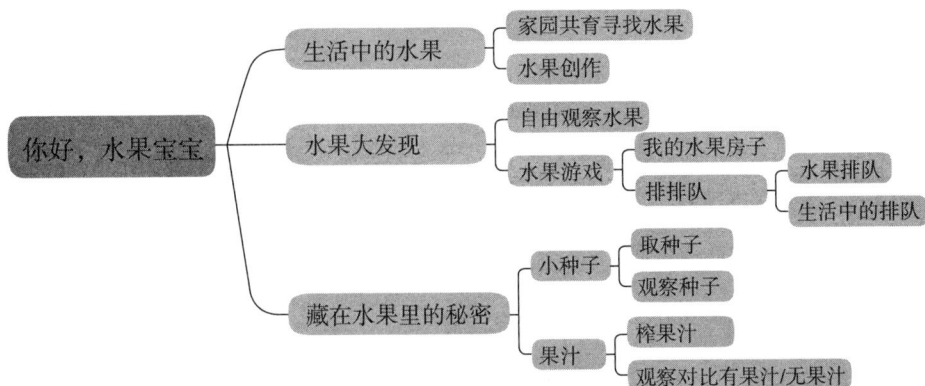

```
                              ┌─ 家园共育寻找水果
              ┌─ 生活中的水果 ─┤
              │                └─ 水果创作
              │
              │                ┌─ 自由观察水果
你好，水果宝宝 ─┤─ 水果大发现 ──┤              ┌─ 我的水果房子
              │                └─ 水果游戏 ──┤            ┌─ 水果排队
              │                             └─ 排排队 ──┤
              │                                          └─ 生活中的排队
              │                ┌─ 小种子 ──┬─ 取种子
              └─ 藏在水果里的秘密 ─┤          └─ 观察种子
                                └─ 果汁 ──┬─ 榨果汁
                                          └─ 观察对比有果汁/无果汁
```

✿ 活动过程

第一阶段：兴趣萌发，形成探究问题

活动：生活中有哪些水果呢?

孩子们的讨论透露出他们对水果外形特征有一些了解，于是我问孩子们："你们知道生活中都有哪些水果吗?"

花生："我知道，我吃过草莓，可甜了。"

橙子："还有和我名字一样的橙子，我最爱吃了。"

妞妞："我还知道山楂，我喝过山楂水。"

于是我们通过家园共育，请家长和孩子共同寻找生活中的水果。孩子们纷纷将自己找来的水果带到班级和小朋友们分享（图 1-53，图 1-54）。在这个

图 1-53

图 1-54

过程中，孩子们认识了各种各样的水果，对不同水果的外形特征有了更深入的了解，并且提高了语言表达能力。

阶段分析与思考

幼儿感兴趣的话题	生活中有哪些水果？
幼儿的表现与想要探究的问题	1. 吃水果的时候总会凑在一起讨论有关水果的话题。 2. 想要了解生活中水果的种类、外形特点。
教师支持策略	1. 将幼儿的想法通过照片和视频的形式传达给家长，鼓励家园互动，共同探索生活中的水果。 2. 提供各种各样的水果供幼儿观察和游戏。 3. 提供和水果相关的绘本。
可利用的资源	1. 家长资源：家长和幼儿一起去寻找生活中的水果，丰富幼儿对于水果种类的认知。 2. 绘本资源：提供有关水果的绘本，帮助幼儿丰富关于水果的知识。

在课程开展过程中，教师尊重孩子的兴趣和需要，借助家园资源，鼓励幼儿去发现生活中的水果。孩子们在分享交流中不仅提高了语言表达能力，而且丰富了对水果的认知经验。本次活动能够让幼儿积极地运用多种感官去感知水果，自发地进行探究活动，在亲身体验、动手操作中对比观察不同水果的特征，知道水果有益于人的健康，进而爱上吃水果。教师在开展活动的过程中，可以重点倾听幼儿的发现和问题，将这些发现和问题作为课程推进的线索。

第二阶段：深入探究，亲历解决问题

活动一：水果大发现

随着很多水果来到班级中，幼儿总是凑到水果旁边去摸一摸、闻一闻。在自由摆弄和探索水果的过程中，幼儿七嘴八舌地说着自己的发现。

嘟嘟把山楂和苹果放在一起比个子说："山楂是小小的，苹果是大大的（图1-55）。"

墩墩一直在用小手摸水果的外皮："香蕉摸起来是滑滑的，可是石榴摸起来很粗糙，就像我们班里的木头玩具一样。"

图1-55

陶陶问："我好想知道无花果里面什么样啊，可以吃吗？一定很好吃吧。"

活动思考：《指南》指出，要有意识地引导幼儿观察生活、自然现象中常见的事物，通过直接感知、操作实践，积累生活经验和感性认识。幼儿大胆地运用多种感官感受不同的水果，产生了很多问题及想法。教师耐心倾听每个孩子的想法，鼓励孩子用自己喜欢的方式将这些发现记录下来。教师开展头脑风暴，跟随幼儿萌发出的新想法，挖掘活动中的教育价值，激发幼儿对水果的深入探究。

活动二：水果大分类

孩子们很喜欢在自然角拿着水果玩游戏，我在过渡环节时走近孩子们，看到瞻瞻将草莓、苹果和山楂放在了一起，香蕉和梨放在了一起。我好奇地问："为什么要这样放呢？"瞻瞻开心指着说："苹果、草莓和山楂都是红色的，香蕉和梨是黄色的，它们住在两个家。"我说道："这游戏可真有趣。那橙色的家里有谁呀？"瞻瞻说："橙色的家里住着橘子、橙子、柿子。"

这个有趣的游戏吸引了更多小朋友的加入，孩子们纷纷想给水果分房子。元元立刻把火龙果、香蕉、橘子、石榴放在了一起，把苹果、梨、草莓、山楂放在了一起（图1-56，图1-57）。元元迫不及待地和我分享想法："需要剥皮的水果要住在一起，不用剥皮的水果住在一起。"可欣将石榴、橘子和山楂放在了一起，把苹果、香蕉、梨放在了一起。可欣边分边说："摸起来滑滑的住在一起，摸起来糙糙的住在一起。"

图1-56

图1-57

活动思考：教师作为支持者、观察者，要先观察、倾听幼儿的想法，再给予幼儿适宜的支持。通过观察水果特征，幼儿提高了观察能力，并初步尝试进行分类。《指南》提出，幼儿应具有初步的探究能力，对于感兴趣的事物能仔细观察，发现其明显特征，教师应在引导幼儿观察和探索的基础上，尝试进行简单的分类。教师在这个过程中退到了幼儿的身后，将游戏的空间留给幼儿。

活动三：排排队

有的小朋友在观察水果的过程中就一直在有意识地给水果按规律排队。有的按照水果的种类排出了苹果队、香蕉队，有的按照颜色进行排队，还有的小朋友根据水果大小进行排队（图1-58）。在水果排队游戏后，孩子们并没有结束探索，妞妞在一次户外游戏时捡起户外的叶子，开始在操场上摆弄起来，然后围过来很多小朋友和她一起捡树叶排队。于是我和孩子们就"除了水果，生活中还有什么可以排队"的话题展开讨论。

图1-58

笑颜："我知道，路边的石头可以排队。"

花生："玩具小汽车也可以排队。"

为了支持幼儿进一步探索，我们又提供了多种材料，如玩具、叶子等，让幼儿自由地选择相同的材料进行排队（图1-59，图1-60）。小朋友们甚至在出发去户外排队时，自发地比起了个子，通过高矮进行排队。

图1-59

图1-60

活动思考：作为教师，以前往往会思考关于水果都能做哪些游戏，孩子在这个过程中需要学到什么，这次转变成儿童的视角，教师作为观察者，观察幼儿的排队游戏，倾听幼儿更多的创意想法。教师作为支持者，将活动的主动权交给幼儿，幼儿能够在亲身体验、操作感知中积累排序的新经验。从水果排队游戏延伸到给生活中不同材料排队，不仅充分发挥了幼儿的想象力，而且提升了幼儿的分类能力。

活动四：水果里面是什么样子?

孩子们一直都在接触各种各样的水果。在一次吃午点时，孩子们看到黄色猕猴桃削好后软软的样子讨论起来。元元问："这是什么水果？"妞妞说："这是火龙果吧。"六六说："不对，我觉得这是猕猴桃，可是里面为什么是黄色的呢？"很多小朋友都不知道这是什么水果，于是想看看水果里面是什么样子。我们跟随孩子们的兴趣及想法，支持幼儿自己探寻答案。

在决定切开水果后，孩子们开始在班里寻找各种各样的切水果材料，如塑料小刀、小盘子、垫板、小手套等。开始切水果了，孩子们一边切一边涌出新的发现。

花生："无花果软软的很好切，里面藏着好小好小的种子呀。"

可欣："看! 草莓里面没有种子吧。"

可可："石榴在切开之后流了好多好多的果汁，但是香蕉和火龙果就没有流汁。"

元元说："火龙果的种子好小好小呀。"

饭团儿说："牛油果的种子是我找到的最大的水果种子了。"

孩子们把从水果里发现的小种子都收集起来。为了让幼儿更好地观察，教师创

图 1-61

设了一面水果种子摸摸墙，将水果种子装在透明袋子里让幼儿触摸和观察（图 1-61）。

活动思考：作为教师，我们珍视幼儿的问题，关于"水果里面什么样子"的问题，我们为幼儿提供不同的工具材料，让幼儿亲身体验，在操作中学习。当孩子们惊喜地发现水果种子时，更多的学习随之展开。通过取种子的过程，孩子们认识了不同水果的种子。我们也及时创设可以与幼儿互动的环境，真正将环境赋权给幼儿，将种子收集起来放到孩子们看得见摸得到的地方，真正做到环境与幼儿的互动。

活动五：还有哪种水果有果汁呢?

切开水果后，橙子的果汁流到了桌子上，而香蕉并没有流出果汁。孩子们对比观察不同的水果后，纷纷分享自己的发现。

陶陶说："橙子的果汁可真多，都流出来了。"

六六说："火龙果就不往下流汁。"

可可说："石榴也有好多果汁呀，都流到我手上了。"

为了进一步验证哪个水果里面有果汁，孩子们决定自己来榨果汁。但是到底应该怎么榨呢，我们一起进行了讨论。毛豆说："我们可以用手挤一挤。"于是孩子们戴上小手套，试着捏一捏、挤一挤。在这个过程中发现有的水果很硬，用手根本就捏不动。花生说："我们能不能找个东西砸一砸呢。"橙子提议道："我们益智区有小锤子，用那个小锤子试一试吧!"于是孩子们面对挤不动的水果时，将水果块切得更小，用小袋子包住，使用益智区的小锤子进行捶打，然后将袋子里的果汁倒在盘子里（图1-62，图1-63）。最后通过对比，孩子们发现苹果、梨、石榴里面有果汁，香蕉、草莓、火龙果没有果汁。

图1-62

图1-63

活动思考：孩子们在选择榨果汁的工具时，通过观察对比、联系生活经验，搜集了不同的工具材料，在实践中得出结论：比较软的果汁可以直接用手捏和挤，捏不动的可以切成更小块后用锤子来捶打。教师在这个过程中为幼儿提供了可以操作的环境和材料，重视环境的作用。让幼儿在真实的活动情境中，通过直接感知、实际操作、亲身体验获得新经验。

阶段分析与思考

幼儿深入探究的表现（探索与发现）	1. 愿意在过渡环节时去摸一摸、摆一摆班级里的水果。 2. 自发地和水果进行游戏，如分类和排排队，发现水果在大小、颜色、种类上的区别。 3. 自己寻找工具，通过动手操作，探索水果里面的秘密。 4. 通过观察、摆弄水果种子摸摸墙，并和同伴讨论，发现水果种子在外形上的区别。 5. 寻找合适的材料和工具获取果汁。
教师支持指导策略和活动形式	1. 为幼儿提供丰富的水果，创设宽松的环境，支持幼儿自由地去操作观察。 2. 在观察到幼儿进行水果游戏后，用引导性的话语、丰富的材料和工具支持幼儿深入游戏。 3. 支持幼儿在探索的过程中动手操作，获得经验。 4. 为幼儿提供可操作和互动的环境，让幼儿随时都能通过触摸获得新发现。 5. 将幼儿所进行的表征进行梳理，展示在墙面上，丰富所有幼儿的经验。

课程实施的主要路径是幼儿在游戏和亲身体验中进行的学习和探索，如幼儿在自由摆弄水果后生发出的分房子和排队游戏；还会以幼儿在游戏过程中产生的问题为线索继续进行探究，比如面对幼儿提出的"水果里面什么样"的疑问，教师为幼儿创设宽松的环境，提供多种工具和材料，鼓励幼儿自己去切水果并探索水果里面的秘密。在后续的"哪个水果有果汁，哪个水果没果汁"中，也放手让幼儿用自己喜欢的方式榨取果汁，通过对比观察，得出答案。幼儿在这个过程中变得愿意主动探索，能够动手操作，不仅锻炼了分类、按规律排序的能力，而且通过探究深入了解了水果种子和果汁方面的特点，获得了成就感。

第三阶段：多元表达，展示交流成果

活动：水果大聚会

随着水果游戏的深入，孩子们会在娃娃家中给客人做好吃的水果饭，会在家中制作甜甜的水果汁、熬水果水（图1-64）、制作糖葫芦（图1-65）……孩子们将自己制作的水果食物分享给同伴，感受到其他小朋友的认可，增强了自信心。

图 1 - 64   图 1 - 65

阶段分析与思考

幼儿获得的新经验与成果展示	1. 丰富关于水果种类的认知，运用多种感官发现水果的不同特征。 2. 通过水果游戏获得分类和排序的能力。 3. 了解水果内部的特征，通过对比和观察发现水果种子和果汁的特点。 4. 知道水果能够做成各种各样的美食。 5. 在家中和家长一起制作水果干、水果拼盘、糖葫芦等美食，了解水果在生活中的应用。
教师支持指导策略和活动形式	1. 教师和幼儿共同梳理有关水果的发现，将表征体现在墙面上。 2. 和幼儿通过共同制作和水果有关的食物，丰富幼儿对水果食物的认知，并感受到成就感。 3. 鼓励幼儿回到家中和家长共同制作和水果有关的美食，和同伴进行分享。

活动总结与反思

以前我在开展活动时，往往会预设很多内容，一定要设计出能够让幼儿能力得到发展的游戏，但是后来我发现，这些都不是儿童的游戏，我只是站在理论上的儿童视角，不是真正意义上的儿童视角。儿童的视角是真正看到幼儿在探索过程中的发现和问题，然后给予支持和帮助，促进幼儿主动学习。《指南》提出，要在活动中发挥幼儿的主导地位，教师的指导要服从幼儿的主导实践，不剥夺幼儿的实践，要让幼儿在实践中感受到尊重和自身存在的价值，从而激发幼儿的主观能动性，进一步释放创造空间，完成个人能力的提升。因此在这次活动当中，我做出了改变，也让课程焕发了生机。我给予幼儿游戏的空间，在探索和发现中支持幼儿感知水果特征。如在"水果里的秘密"活动中，放手让幼儿通过自己的操作去验证水果种子和果汁的特点，而不是直接告知或是教师在前面演示，让幼儿在下面看。在水果分类游戏时，我一开始只是为幼儿提供各种各样的水果，让幼儿自由地进行摆弄，才生发出他们喜欢的排序游戏，说明只有让幼儿自己动手进行操作，幼儿习得的才是属于自己的经验。

1. 活动目标的达成度与内容的适宜性。

活动过后，不难看出幼儿在课程中获得的发展。无论是活动内容还是活动形式都非常符合小班幼儿的年龄特点，幼儿在科学探究、解决问题方面的能力获得明显的提升，并且更加热爱生活中的事物，变得爱提问、爱思考。我们可以看到，幼儿在活动中的发展是主动的，比如幼儿自主生发的分房子、排队游戏，以及自己动手切开水果发现水果里面的秘密。教师基于儿童立场，充分尊重幼儿，让幼儿成为活动的主体，在倾听儿童声音、支持儿童学习、满足儿童需求中，促进儿童主动发展。从中可以看出，只有真正贴近孩子生活、能够让孩子亲身体验和游戏的课程才能够一直焕发生机，教师不要在过程中进行太多的预设，要相信幼儿的能力。

2. 亮点与不足。

活动最大的亮点就是幼儿一直在主动进行探索和游戏，教师真正退到了幼儿的身后，赋权给幼儿探究的机会。在探索制作水果食物的活动中，教师和幼儿一起制作了美味的水果拼盘、水果干，孩子们都垂涎不已，但遗憾的是并没有满足幼儿品尝的愿望，而回到家中只有少部分幼儿继续进行水果美食的探索，家园配合方面还有待提高。

第二章　中班微主题活动

一、大厨火锅店

教师：韩美川

❋ 活动缘起

　　升入中班后，班级里的活动区游戏多了不少，最受小朋友欢迎的是小餐厅游戏。不过随着游戏的开展与深入，渐渐地，孩子们的游戏兴趣就没那么浓厚了。这天，哥哥来到小餐厅对小服务员说："我想点一个火锅，我要在餐厅吃火锅。"泽泽服务员说："可是我们没有火锅呀！"哥哥看了看小餐厅的材料，想了想，拿起了餐厅的笼屉说："用这个当锅吧！吃火锅还要涮羊肉呢！"于是泽泽跑到了美工区，拿了一张红纸，用剪刀剪成了不规则的小片，肉片就完成了。小客人们在小餐厅里吃起了"火锅"。"火锅"引发了大家的兴趣，纷纷想要去小餐厅品尝火锅。就这样，关于火锅的游戏开始了（图 2-1，图 2-2）。

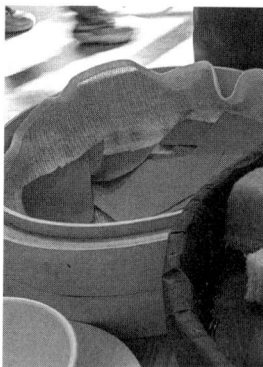

图 2-1　　　　　　　　　图 2-2

　　孩子们在游戏中生发了吃火锅的想法，并引发了同伴的兴趣。中班是幼儿社会交往的关键期，《指南》提出："幼儿的社会性主要是在日常生活和游戏中通过观察和模仿潜移默化地发展起来的。"因此我们应该支持幼儿的兴趣，和幼儿一同创设"火锅餐厅"，为幼儿提供一个与同伴相处、表达情感、探索、交流、学习的自主空间。

❀ 活动发展目标

1. 喜欢和小朋友一起玩角色游戏，能按自己的想法进行游戏。
2. 会用礼貌的方式向同伴、老师等表达自己的需求和想法。
3. 能够制定和遵守游戏规则，有服务他人的角色意识，和同伴有初步的合作。
4. 能在发现问题、想办法解决问题的过程中推进游戏。
5. 能用绘画、捏泥、手工制作等多种方式表现自己的所见所想。
6. 能够手口一致地点数 10 以内的物品。

❀ 活动思维导图

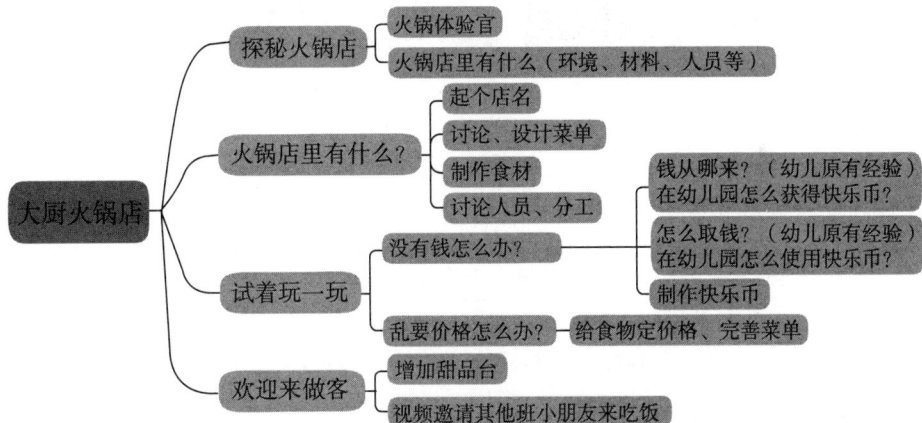

```
                    ┌─ 探秘火锅店 ──┬─ 火锅体验官
                    │              └─ 火锅店里有什么（环境、材料、人员等）
                    │
                    │              ┌─ 起个店名
                    │  火锅店里有什么？─ 讨论、设计菜单
                    │              ├─ 制作食材
  大厨火锅店 ───────┤              └─ 讨论人员、分工
                    │                              ┌─ 钱从哪来？（幼儿原有经验）
                    │              ┌─ 没有钱怎么办？┤ 在幼儿园怎么获得快乐币？
                    │  试着玩一玩 ──┤              ├─ 怎么取钱？（幼儿原有经验）
                    │              │              │ 在幼儿园怎么使用快乐币？
                    │              │              └─ 制作快乐币
                    │              └─ 乱要价格怎么办？── 给食物定价格、完善菜单
                    │
                    └─ 欢迎来做客 ──┬─ 增加甜品台
                                   └─ 视频邀请其他班小朋友来吃饭
```

❀ 活动过程

第一阶段：兴趣萌发，形成探究问题

活动：探秘火锅店

要开火锅店了，火锅店是什么样子的呢？教师将问题抛给了孩子们，孩子们决定周末和家长去吃一次火锅，看一看火锅店里有什么人、物品是怎么摆放的。借用马赛克方法中的儿童摄影法，家长将孩子观察的火锅店的照片发到了

班级群中,幼儿成为分享者与聆听者。在分享时,孩子们关注到了很多餐厅的细节,热情地和大家分享。

"我和妈妈吃的是番茄和菌汤锅拼在一起的,我们涮了肉卷、香菇和玉米。"

"我和爸爸妈妈去吃火锅的时候,大厨师给我们拉面,像是在跳舞。"

"火锅店里有大厨、收银员、服务员,还有拉面师傅。"

"海底捞有个红红的大牌子,写着海底捞,门口还有很多服务员招待我们。我和姥姥在海底捞过生日还有很多人给我们唱歌(图2-3)。"

图 2-3

阶段分析与思考

幼儿感兴趣的话题	很多小朋友想要在小餐厅吃火锅,萌发了开火锅店的想法。
幼儿的表现与想要探究的问题	想要去火锅店吃一次火锅,观察火锅店的食材、人员分配、餐具摆放等感兴趣的事情,回来后与大家分享。
教师支持策略	1. 围绕感兴趣的话题展开讨论:我们想要开火锅店,那火锅店是什么样的? 2. 创设宽松的交流环境,幼儿可以自由表达自己的想法。
可利用的资源	家长资源:请家长带幼儿去火锅店。

生活是最好的老师,生活中的经历帮助孩子们积累了丰富的经验。教师也要支持孩子们的游戏,和孩子们将共同的发现进行分类。孩子们还观察到可以在火锅店过生日,火锅店会为客人准备相应的餐具。这也为孩子们接下来的火锅店游戏做好了准备。只有基于幼儿生活开展的游戏才是最适合幼儿的,也更能激发幼儿的主动性、积极性、发展性与创造性。

第二阶段：深入探究，亲历解决问题

活动一：火锅店里有什么?

探秘火锅店后，孩子们兴奋地讨论着要给火锅店起个什么样的名字，最后通过盖印章投票的方法决定叫"大厨火锅店"这个名字。之后孩子们讨论大厨火锅店里要有的食材，然后一起去幼儿园里的小菜地里观察采摘蔬菜，回来后在美工区一起制作了火锅的其他食材，还和老师一起改造了之前的笼屉，变成了一个个"小铜锅"（图2-4，图2-5）。孩子们从家中带来海报以及绘画，利用剪贴的方法制作了菜单，商定了大厨、服务员的角色。大厨火锅店正式开业了，小客人们络绎不绝……（图2-6，图2-7）

图2-4

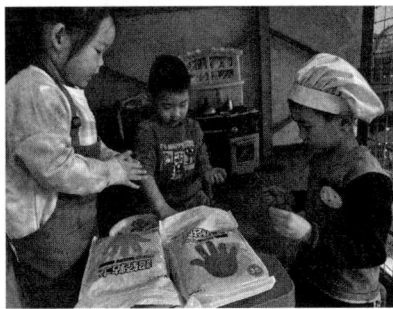

图2-5

图2-6

图2-7

活动思考： 火锅店如何创设由孩子们讨论决定，包括火锅店的名字、环境布置、材料制作、摆放位置，全部由幼儿自主完成，幼儿真正成为游戏的主人。

活动二：没钱吃饭怎么办？在幼儿园怎么获得快乐币？

孩子们十分喜欢大厨火锅店的游戏，在一次游戏中，瑾柔说："吃完饭要交钱呀！"妹妹说："是要交钱，我和妈妈出去吃饭每次都要交钱的，可是我们没有钱怎么办啊？"新的问题产生了，于是餐前围圈活动时，两个小朋友向大家提出这个新问题。游戏又会有什么样的发展呢？

在讨论中，小朋友们都觉得吃火锅需要交钱，还想要增加收银员这个角色。那没钱吃饭怎么办呢？孩子们通过讨论决定设计一个可以在餐厅花的钱。于是中三班快乐币诞生了。怎么能挣到快乐币呢？泽泽说："我在家里学习，妈妈会给我钱。"娅慈说："妈妈每天上班挣钱。"知心说："过年的时候爷爷奶奶会给我钱。"通过讨论，小朋友把在家里通过自身努力挣到零花钱的经验迁移到幼儿园中，找到了在幼儿园得到快乐币的方法。孩子们商量决定，如果让班级变得更好，让小朋友更快乐、友爱，就可以获得快乐币。因此我们收集了很多中三班的"快乐好事"，记录孩子们在园期间友爱的点滴。

> **活动思考：** 孩子们针对游戏中的真实问题展开了一系列讨论，设计了班级中的快乐币，并将快乐币与实际生活建立联系。在幼儿的一日生活中渗透德育内容，能够鼓励幼儿为他人服务、为集体服务，使幼儿收获老师同伴的认可，获得成就感。

🚗 阶段分析与思考

幼儿深入探究的表现（探索与发现）	1. 通过对真实火锅店的观察体验，和同伴商量火锅店里有什么。 2. 根据协商制订的计划，制作火锅食材、火锅、菜单，为火锅店起名字。 3. 制作快乐币当作火锅店的"钱"。 4. 确定获得快乐币的方法（与德育相关）。
教师支持指导策略和活动形式	1. 利用图片、儿童海报帮助幼儿梳理探秘火锅店后的发现。 2. 围圈讨论：我们想要开火锅店，我们需要准备什么？ 3. 为幼儿准备制作材料，给予幼儿充分尝试的空间。 4. 带领幼儿去小菜园观察真实的蔬菜。 5. 与幼儿一起制作火锅、菜单。 6. 和幼儿一起调整火锅店的材料。 7. 围圈讨论：幼儿园的火锅店需要用钱吗？什么样的事情可以让班级变得更好？ 8. 为幼儿提供多种材料，支持幼儿自制快乐币。

在游戏中，教师通过"我们的火锅店里有什么？""没钱吃饭怎么办？""在幼儿园怎么获得快乐币？"几个问题激发幼儿解决问题的兴趣。当幼儿在专注地解决问题的时候，教师更多的是观察幼儿、倾听幼儿，将问题还给幼儿，适时地利用问题驱动、围圈讨论、环境创设、家园共育、提供多种材料等方式支持幼儿，给予幼儿充分的探究空间，鼓励幼儿自由表达、主动探究，促进游戏的深入开展。

第三阶段：多元表达，展示交流成果

活动：欢迎来做客

火锅店开了一段时间，孩子们发现客人越来越少，每天只有一两个小朋友来到火锅店吃饭。晞晞说："怎么没人来火锅店呀？"其他服务员也在店里走来走去。

通过围圈讨论，大家一起分析讨论没有客人的原因。

晞晞说："今天我去拼插区邀请了沐岩，可是他没有来。"

沐岩说："火锅店我已经去过很多次了，那里的菜都吃腻了。"

教师说："原来是菜都吃腻了，小朋友们有什么好办法能吸引小客人呢？"

语熙说："我在美工区做了蛋糕，可以放在火锅店！"

小朋友们纷纷赞同语熙的想法。又有小朋友受到启发，纷纷表示还可以做其他新鲜的食物投放到餐厅。接下来孩子们又遇到了"蛋糕要摆在哪儿？蛋糕不够多"等问题。在兴趣的驱动下，他们尝试使用拼插区更换下来的柜子摆放蛋糕。为了让更多小客人吃到美味的蛋糕，还成立了蛋糕制作小组，分工明确，有的制作杯子蛋糕，有的制作生日蛋糕，有的制作饼干，有的负责搬运，有的负责摆放。初步的合作让孩子们更加有成就感。经过一周时间，终于完成了甜品台的创设，小客人们都特别满意（图2-8～图2-10）。

图2-8   图2-9   图2-10

除了班中的客人，孩子们还想要吸引其他班的客人。经过讨论，孩子们决定拍一个关于火锅店游戏的视频让其他班的小朋友看，于是视频小组诞生了。

我们围坐在一起讨论想要录制的内容，制订了具体的分工表，如有的负责帮助小朋友穿服装，有的负责摆放道具，还对厨师、服务员、小客人等角色进行了分工。孩子们还为老师安排了摄影师的工作，活动有条不紊地进行着。

扫码看视频

活动思考：合作是一种品质，也是一种能力。在遇到没有客人的问题时，教师为孩子们创设了放松的环境，营造了轻松的氛围。孩子们解决问题的方式也各不相同，教师支持孩子们自由结成小组，制订计划，相互讨论、分工、合作。教师成为孩子们一起探究问题的支持者、合作者和引导者。

阶段分析与思考

幼儿获得的新经验与成果展示	1. 喜欢和同伴一起玩大厨火锅店的角色游戏，和同伴有初步的合作。 2. 能用礼貌的方式向同伴、老师等表达自己的新发现、新需求和新想法。 3. 能够和同伴、老师共同制定大厨火锅店的游戏规则。 4. 能在发现问题、想办法解决问题的过程中推进游戏开展。 5. 能用绘画、捏泥、手工制作等多种方式制作火锅店的菜单、食材等，丰富游戏材料。 6. 能够在火锅店的收银、点菜等游戏情境中手口一致地点数。 7. 通过视频制作，提高解决问题、分工协作、自我评价和反思的能力。
教师支持指导策略和活动形式	1. 围圈讨论：火锅店为什么没有客人。 2. 营造宽松的活动氛围，投放幼儿需要的活动材料。

活动总结与反思

此次微主题的开展与以往的区域活动相比，教师不再绞尽脑汁地预设活动，而是放手赋权、相信孩子，把游戏还给孩子。整个活动的开展体现了儿童真实的探究逻辑。我们追随幼儿真实的兴趣，随着孩子们发现的一个又一个问题，将火锅游戏推向深入。幼儿完全自主、自发、全身心地投入自己的游戏世界里，一切都会随着他们的游戏而发生改变。火锅店游戏反映了孩子们真实的生活经验，幼儿按照自己的想法意愿再现经验、迁移经验、形成新经验。幼儿自己确定游戏主题、构思内容、分配角色和确定规则，愉快地、创造性地进行游戏，并且在快乐中得到发展。在以往的区域游戏中，教师会根据孩子们的现状大致确定游戏的主题，提前思考并制定相应的游戏规则，准备好游戏材料，做好环境创设，孩子们的自主性、主体性未能得到充分的发挥。而在本次活动中，我们充分利用家长资源，请家长带领幼儿一同到火锅店体验。教师还为幼儿提供了开放的环境资源，让幼儿成为游戏的主人。

《纲要》中提到，幼儿的学习活动往往与游戏和日常生活密不可分。游戏和生活中不断出现的真实的问题情景使幼儿不断调动和运用已有经验，并在不断地面临挑战和解决问题的过程中获得新的经验，更多地发生创造性的、有趣的活动。课程就在儿童的生活中，儿童在生活中经历，在经历中积累经验，在积累经验中成长。孩子们每一个感兴趣、参与探究的活动，都会成为今后无法预料的可能，因此让我们站在儿童视角，倾听孩子、欣赏孩子，让孩子真正成为课程的主人！

1. 活动目标的达成度与内容的适宜性。

整个大厨火锅店的游戏持续了一个月，从最初的设计到在实践中不断尝试、检验、修正和调整，幼儿的许多想法都在探究中得以实践。幼儿的兴趣持续高涨，积极性也非常高。在这个过程中，孩子们对真实的餐厅有了进一步的认识，对餐厅中的岗位也有了了解，能够将生活经验迁移到游戏当中。在活动中遇到问题时，孩子们能够相互讨论，积极听取他人的意见，尝试运用多种方法解决问题。

2. 活动亮点。

教师作为活动的支持者、引导者、合作者，在活动中支持幼儿大胆表达自己的想法，鼓励幼儿勇于尝试，给予幼儿自由的时间、空间，引导幼儿在亲身感受和实际操作中获得新的经验，倾听幼儿、读懂幼儿，相信幼儿是有能力的学习者。

二、有趣的小亭子

教师：赵静

活动缘起

分享假期见闻时，贝贝提到爬山时在小亭子上休息。很多小朋友纷纷说自己在公园见过亭子，几个小朋友说着就来到建筑区尝试搭建小亭子。他们运用原来搭建楼房的方法搭起亭子。亭子是园林建筑的重要元素，蕴藏着科学原理，还蕴含着悠久的历史和文化。建筑区分享环节时，果果说："这个像楼房，不是亭子，亭子有尖，亭子怎么搭呀？"老师发现孩子们对亭子产生了兴趣，思考是否能在建筑区实现小朋友搭亭子的想法。在以前的搭建中，幼儿的建构活动虽有主题但不稳定。搭亭子在造型、支撑方面有难度，对于本班幼儿来说既有挑战性，又有发展空间。搭建中幼儿能够充分探索建筑的平衡与对称，也能发挥创造性与想象力。于是，基于幼儿的兴趣与可能获得的发展，小亭子探索之旅开始了。

✿ 活动发展目标

1. 通过主题活动，与同伴建立情感支持和互动，学会表达自己的情感，并积极学习处理情感的方法。

2. 积极参与集体活动，增强合作、分享、交流的能力，乐意与同伴共同建构，有一定的合作意识。

3. 通过操作搭建探索亭子尖顶的对称、造型与平衡，能大胆运用架空、围合、排列等建构方法创造性地表现亭子尖顶的外形特征。

4. 做事有计划性，与同伴制订搭建计划并能够互相协商，达成一致。

5. 培养观察力、注意力和思维能力，增强想象力和创造力。

✿ 活动思维导图

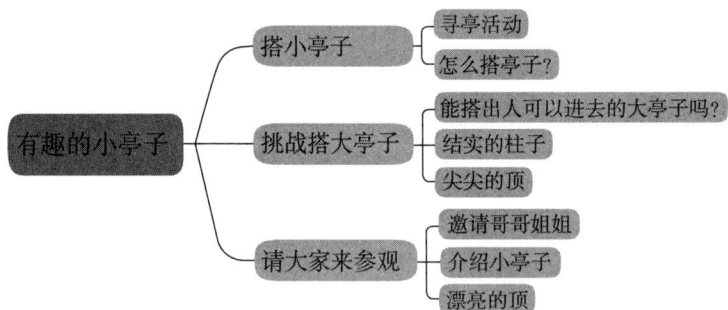

```
                        ┌── 搭小亭子 ──┬── 寻亭活动
                        │             └── 怎么搭亭子？
                        │
                        │             ┌── 能搭出人可以进去的大亭子吗？
有趣的小亭子 ────────────┼── 挑战搭大亭子 ┼── 结实的柱子
                        │             └── 尖尖的顶
                        │
                        │             ┌── 邀请哥哥姐姐
                        └── 请大家来参观 ┼── 介绍小亭子
                                      └── 漂亮的顶
```

✿ 活动过程

第一阶段：兴趣萌发，形成探究问题

活动：搭小亭子

搭建活动开始前，家长带孩子开展了一次寻亭活动，观察并拍摄亭子

（图 2-11）。大家看着照片一起讨论：亭子是什么样的？和楼房有什么不同？"亭子是用柱子支撑的""楼房有墙，亭子没有墙。亭子的顶是尖尖的。"孩子们表达着自己对亭子的观察与认知。

讨论后开始搭建小亭子。与搭建楼房不同，果果在选择材料时有意识地选择长长的圆柱和长条积木作为支撑，来体现亭子长长的立柱（图 2-12）。但很快出现了问题：果果通过墙饰上的图片发现，亭子有两个柱子，所以他也只搭建了两个柱子，可是为什么搭出来不像呢？

图 2-11   图 2-12

教师对幼儿的问题进行分析，发现照片是平面的，图片呈现的就是两个或三个柱子，所以在搭建时孩子也会只搭两三个柱子。怎样解决从平面到立体的问题呢？于是老师和孩子用雪花插片、木棍等材料拼插出了一个个立体亭子，还投放了亭子模型（图 2-13，图 2-14），让孩子们更加直观地了解亭子的特点，帮助他们建立从平面到立体的联系。有了以上的支持，孩子们开始围合五边形或六边形，搭的作品也越来越像亭子了。

图 2-13   图 2-14

🚗 **阶段分析与思考**

幼儿感兴趣的话题	这个像楼房，不是亭子，亭子怎么搭呢？
幼儿的表现与想要探究的问题	尝试在建筑区搭建亭子，可是为什么搭出来不像呢？
教师支持策略	围绕在哪见过亭子这一话题在围圈时间展开讨论。
可利用的资源	1. 社区资源：幼儿园周围到处都有不同造型的亭子。 2. 家长资源：带领幼儿外出参观，观察不同亭子的造型特征。 3. 班级资源：提供亭子的图片与模型，供幼儿参考搭建。

　　搭建楼房是孩子们的已有经验。楼房与亭子的建筑特征明显不同，从搭建房子到亭子，这是一个新的挑战。从寻亭活动开始，孩子们观察亭子、对比亭子与楼房的不同，对亭子有了基本的认知与了解。在选择材料时，小朋友们会特意选择长的圆柱积木当作亭子的立柱，从而表现亭子用柱子支撑、周围没有墙的特点。平面图片难以看到全貌，教师关注到这一问题后，马上提供了用多种材料制作的立体亭子和亭子模型，帮助幼儿建立从平面到立体的联系。

第二阶段：深入探究，亲历解决问题

活动一：挑战搭大亭子

　　"公园里有亭子，山坡上有亭子，可咱们幼儿园没有。幼儿园里要是有个亭子能坐一坐多好！"一个话题引起了小朋友们的注意。孩子们有在平台使用大积木搭建的经验，但更多的是搭建楼房和汽车轨道。中班初期的小朋友要搭一个大的亭子，这能不能实现？看到孩子们高涨的热情，我们打算尝试一下。我们选择用平台的大积木搭建一个小朋友们可以进进出出的大亭子。

　　搭建开始了，平台没有可以作为支撑的圆柱积木，小鹿原本将一块长方体积木立起来做柱子，但当柱子越摆越高时，单层的长方体积木无法支撑，全部倒了。于是她将两块长方体积木立起来，摞在一起当作柱子，这样就会更加稳固了（图2-15）。奇奇看到这一做法也模仿起来，但是他搭的两块长方体积木没有紧贴在一起，随着柱子越来越高，积木也慢慢倾斜。奇奇很快发现了这一问题，他把之前的柱子全部拆掉，将第一层的两块积木横向摆放，第二层的两块积木竖向摆放，这样交叉着搭出了一个又高又稳固的柱子。一凡看见奇奇组的方法，也开始调整自己组搭好的柱子，他学着奇奇的方法一横一竖交叉往上摞，但与之不同的是，他在每一层的中间都用一个正方体积木压住，让自己的柱子更加稳固了（图2-16）。亭子搭好了，可以坐进去两个小朋友呢！有的亭子里还摆放了一些玩具筐当作座椅，亭子里面的细节也在渐渐丰富。

图2-15

图2-16

活动思考：孩子们运用原有搭建经验反复尝试搭建，来解决柱子的支撑问题。在搭建的过程中，他们开动脑筋，积极思考，借助同伴的搭建方法调整自己的搭建，从而形成自己的好方法。搭建时他们专注、认真，能够和同伴互相商量，友好合作。教师在孩子遇到问题时并没有第一时间去帮忙解决，而是学会等待，给予孩子充分尝试的时间、空间。孩子们互相模仿、借鉴，借助他人经验形成自己的方法，成功地解决了支撑问题，为后续的搭建打下良好的基础。

活动二：尖尖的顶

大家搭的亭子顶部都是平平的。怎样才能更好地支持幼儿进行大胆尝试与创作呢？沿着感知与欣赏、表达与创造的学习路径，教师和幼儿一起通过欣赏图片、查阅资料，了解亭子顶的形态、功能。"亭子的顶是尖尖的，旁边都是倾斜下来的。""亭子的角都是往上翘起来的，下雨的话水滴可以从这流下来。"孩子们你一言我一语，充分表达着自己对亭子顶的了解。"木头积木不太容易搭出尖尖的顶，那就换种材料搭吧！"孩子们在幼儿园中四处寻找材料，仔细观察哪些材料适合当亭子的顶，哪些材料能够搭出慢慢变高的效果。最后，他们在班里找到小垫子和玩具筐，在操场找到轮胎，在后院找到牛奶箱和纸箱等。孩子们齐心协力将这些材料带到平台，方便下次搭建顶部使用。教师用纸杯做了一个逐渐变高的纸杯斜塔，让孩子们充分感受错落倾斜下来的排列方法。

开始搭建了，有的小朋友选择了牛奶箱，有的选择了小块积木，还有的用玩具筐和锥桶。果果先把玩具筐放在亭子顶的正中间，然后在筐上面放了个锥桶，再用小块积木丰富周围的地方，搭建出中间高的效果。来来和依依将奶箱放在亭子上，一个一个并列放好。"1、2、3、4，"来来边数边对着对依依说，"这有四个，第二层放三个就行了。"说着将三个奶箱摞在第一层奶箱的正中间，接着以这样的方式又搭了两个。最

图 2-17

后一层太高够不着了，怎么办呢？他们来寻求老师的帮助，大家一起合作把亭子顶部搭好了（图 2-17）。

🚗 **阶段分析与思考**

幼儿深入探究的表现（探索与发现）	1. 搭建时开始尝试用长条积木架空当作亭子的立柱。 2. 萌发出搭建大亭子的想法。 3. 模仿同伴行为，解决柱子的支撑问题。
教师支持指导策略和活动形式	1. 在墙饰上提供小亭子照片，在区域中提用多种材料制作的立体亭子以及亭子模型，供幼儿参考搭建。 2. 倾听幼儿想法并带幼儿初步尝试搭建大亭子。 3. 为幼儿提供场地与时间来搭建大亭子。在幼儿遇到问题时选择退后，鼓励幼儿之间互相学习，自主解决问题。

教师提供充足的时间、空间、材料支持幼儿主动探究，通过讨论、分工合作、回顾分享、作品赏析等推动幼儿的深度学习。在此过程中，幼儿学习、应用、迁移了有关创造性表征、分类、数概念、空间方位等方面的经验，同时体验了主动学习、合作分享、成功创作的快乐。

第三阶段：多元表达，展示交流成果

活动：请大家来参观

小亭子搭好啦！小朋友坐在自己搭建的亭子里真开心。我们也邀请大班的哥哥姐姐们来参观玩一玩吧。我们邀请大家参观，都要向大家介绍什么呢？"可以说说我们是怎么搭的。""再说说亭子里面都有什么？""请小朋友们进去坐一坐。""还得说注意安全，别碰到小亭子，别砸到小朋友。"讨论结束后，孩子们作为小主人拉着哥哥姐姐的手，带他们到各个亭子前参观（图 2-18，

图 2-19)。媛媛说："你们可以进去坐一坐。"奇奇说："你们喜欢我们搭的亭子吗?"南伯说："进去的时候低着头,小心别碰到。"

图 2-18

图 2-19

若伊化身小记者,询问哥哥姐姐们参观完的感受:"你们觉得我们搭的亭子怎么样?"哥哥姐姐们说:"你们搭得很好,我感觉在亭子里很舒服;搭得很漂亮;如果坐在亭子里有更美丽的风景看就好了;亭子的入口可以再大一些,刚才我进去有点不好进;亭子里面也可以大一点,要是能进来很多小朋友就更好了。"听到哥哥姐姐们的夸赞和建议,孩子们也提出了下一次搭建要调整和改进的地方。"我要增加一些座位,可以坐更多的小朋友。""我要在旁边建一个小池塘,让小鱼们游来游去。""我想搭一个更大的亭子,让整个中一班的小朋友都能进去

图 2-20

玩。"大家七嘴八舌地说着自己后续的搭建计划。在平台搭建完漂亮的顶之后,孩子们将平台搭建的经验迁移到班里的建筑区,用不同造型的积木搭建出逐渐尖起来的亭子顶,让我们的小亭子变得更好看了(图 2-20)。

活动思考:亭子搭建成功后,孩子们无比兴奋,在亭子游戏中获得满满的自信心与成就感。这份喜悦不光要在班内分享,还想传递给其他班的小朋友,孩子们便邀请哥哥姐姐来参观,此过程彰显着孩子们的主动性、计划性。邀请、互动、介绍、采访,他们真正成为亭子的建筑师,不仅提高了语言表达能力,而且发展了社会交往能力。

阶段分析与思考

幼儿获得的新经验与成果展示	1. 与同伴共同建构，有一定的合作意识。 2. 能大胆运用架空、围合、排列等建构方法创造性地表现亭子尖顶的对称、造型与平衡。 3. 在集体面前能够大胆地表达自己的想法。 4. 做事有计划性，与同伴制订搭建计划并能够互相协商，达成一致。 5. 观察力、注意力、想象力、创造力和思维能力都得到进一步的发展。 6. 邀请园中更多的小朋友来参观大亭子。
教师支持指导策略和活动形式	1. 鼓励幼儿在集体面前大胆表达表现，与同伴充分互动。 2. 做事有计划性，引导幼儿提前想好要向哥哥姐姐介绍的内容。 3. 通过分享，帮助幼儿与同伴建立情感支持和互动，学会表达自己的情感。

活动总结与反思

在搭建亭子的过程中，孩子们通过初建、再造、生成三次体验尝试，吸取经验，寻找解决方法。从独立尝试到合作探究，不断对比和观察，从而发现问题、解决问题。这些能力的发展强化了他们对材料特征的具体感知，为再次搭建奠定了基础。我们始终以幼儿为主体，充分发挥他们探究的主动性、积极性。追随孩子的学习与发展，认真地倾听孩子们的声音，了解他们的想法与需要，及时敏锐地抓住教育契机，为孩子们提供一次次发展的可能……在课程推进的过程中，孩子们都得到了全面的、多元的收获。作为教师，我通过尝试发现，只要肯放手，相信孩子是有能力的学习者，孩子就会有广阔的空间去探索，不加束缚地发挥自己的想象力和解决问题的能力。孩子们在游戏中能够做到自主、自由，获得经验、形成想法、表达见解、完善规划、不断挑战，从而发挥自身最大的潜能。教师要全身心地投入幼儿的游戏中，做他们的支持者、引导者、合作者。

1. 活动目标的达成度与内容的适宜性。

活动目标基本达成，原本以为中班小朋友搭建小亭子和大亭子是很有难度的事情，但是孩子们的兴趣高涨，通过尝试与课程层层审议，发现可以进行尝试，于是便开始推进此微主题，要相信孩子是有能力的学习者。

2. 活动亮点。

从幼儿的想法与兴趣出发，主题的推进紧紧围绕幼儿的问题与想法。学会放手，相信儿童，给予幼儿广阔的创作空间与解决问题的机会。幼儿在活动中既提升了搭建技巧，又在社会交往、语言表达、大胆表现、想象力、创造力、计划性等方面得到进一步的发展。

三、藏起来的颜色

教师：王俊超

活动缘起

孩子们在吃石榴的过程中惊讶地发现石榴汁会染红衣服，于是开始讨论起来。

鑫鑫："一定是小鲸鱼吃石榴的时候，石榴汁溅到了她的衣服上（图2-21）。"

小妞："这个石榴汁就像美工区用的颜料一样，会把我们的衣服染色。"

小鲸鱼："石榴里面真的有颜色吗？……"

中班幼儿已经具有一定的认识能力，对周围事物非常好奇，因而总爱提问题。对于"石榴里真的有颜色吗"这一问题，孩子们想要一探究竟。于是我们和孩子开始一起探索那些藏起来的颜色。

图2-21

活动发展目标

1. 能够认真倾听同伴关于植物颜色和提取方法的分享。

2. 愿意尝试运用不同的方法提取植物的颜色，在不断操作中动手动脑。

3. 能够自主选择材料和工具提取植物颜色。

4. 喜欢使用植物"颜料"进行绘画或印染游戏，并乐在其中。

5. 能够大胆表达自己尝试的方法，分享探索的过程和发现。

6. 在操作中体会用不同方法提取植物颜色的感受和乐趣。

7. 能够根据观察到的现象和结果，大胆提出问题。

8. 在操作学习和直观感知中，发现蔬菜、水果中隐藏的不同颜色的秘密。

9.知道不同颜色的水果蔬菜所蕴含的营养不同，能帮助人的身体吸收不同的营养。

✿ 活动思维导图

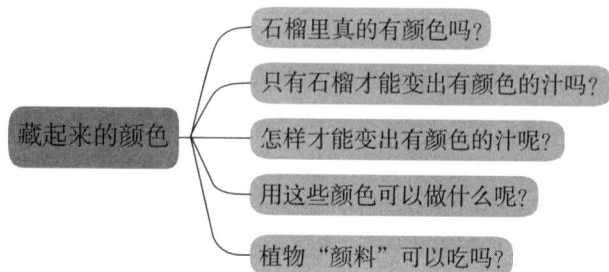

藏起来的颜色
- 石榴里真的有颜色吗？
- 只有石榴才能变出有颜色的汁吗？
- 怎样才能变出有颜色的汁呢？
- 用这些颜色可以做什么呢？
- 植物"颜料"可以吃吗？

✿ 活动过程

第一阶段：兴趣萌发，形成探究问题

活动：石榴里面真的有颜色吗？

孩子们纷纷猜想石榴里面有没有颜色。小妞认为石榴里面有红色的水，所以溅到袖子上会有颜色。有的小朋友觉得石榴里面根本就没有颜色。孩子们的想法出现了分歧，迫不及待地想再动手剥石榴看看。

一组小朋友用小手榨汁，一颗颗小石榴籽被挤爆，喷出汁落在杯子里，孩子们的小手被染成了红色，衣服上都溅上了石榴汁（图2-22）。还有的小朋友们把石榴籽装进袋子里，系上口，用小手使劲一捏，也出来好多红色的石榴汁（图2-23）。孩子们感叹道："原来石榴里面真的有颜色呀！"

图2-22　　　　　　　　　图2-23

活动思考：作为教师，珍视孩子提出的问题，支持孩子在真实操作中感受石榴汁颜色的秘密。孩子们充分调动原有经验，自主选择喜欢的方法大胆尝试挤出石榴的汁。孩子们从猜想石榴汁是否有颜色到验证自己的猜想，在解决问题的过程中积累了榨石榴汁的经验，为后续提出新问题、开展持续的探索和实践奠定了基础。

阶段分析与思考

幼儿感兴趣的话题	1. 石榴汁为什么把袖子染红了？ 2. 石榴里面有颜色吗？
幼儿的表现与想要探究的问题	1. 石榴里面真的有颜色吗？ 2. 怎样才能把石榴里面的颜色变出来？
教师支持策略	1. 倾听幼儿变出石榴汁的方法。 2. 提供幼儿想要使用的工具和材料。 3. 观察和记录幼儿的操作过程和发现。
可利用的资源	1. 幼儿园资源：教师持续倾听并投放相关材料。 2. 家庭资源：幼儿从家中带来的水果和蔬菜。 3. 绘本资源：《颜色的味道》《大自然的色彩》。

幼儿对石榴汁染红了袖子的现象感兴趣，想要再次剥石榴探究石榴汁颜色的秘密。幼儿知道有些蔬菜和水果里面是有颜色的，并且能够通过它们表面的颜色大胆猜测里面的颜色。幼儿园提供场地和自主表达的空间，家庭支持孩子们带来各种颜色的蔬菜和水果去验证答案。从孩子们的兴趣和表达中，我们看到了活动中蕴含的生活性和探究性，孩子们可以在亲手操作的过程中，感知和感受植物中颜色的秘密。

第二阶段：深入探究，亲历解决问题

活动一：只有石榴才能变出有颜色的汁吗？

当从石榴里挤出很多红色汁水的时候，孩子们的讨论更热烈了。

鲸鱼："哇！石榴汁的颜色是红色的。"

佳晟："只有石榴才可以变出有颜色的汁吗？"

这个问题引发了孩子们更多的想法，孩子们立马联想到生活中的水果蔬菜，纷纷表达自己的所知所想。

开开："我觉得桑葚也有汁，是黑色的，我吃过。"

棠棠："猕猴桃里有颜色，我觉得是绿色的。"

豆豆："蔬菜里面也有颜色，菠菜是绿色的，它的汁应该也是绿色。"

通过家园共育，第二天孩子们纷纷从家中带来各种各样的水果和蔬菜，有菠菜、火龙果、香蕉、柿子等，想看一看是不是都像石榴一样，里面有带颜色的汁水（图2-24，图2-25）。

图2-24　　　　　　　　图2-25

活动思考：关于"只有石榴才可以变出有颜色的汁吗"的问题调动了孩子们原有的生活经验，联想到生活中有颜色的蔬菜和水果。活动不仅激发了孩子们的表达欲望，而且促使孩子们探索更多蔬菜水果中有关颜色的秘密。作为教师，我们关注问题，支持幼儿用自己的方式去探索验证答案。同时借助家园资源，鼓励孩子们在生活中搜集真实的材料，引发更多活动的可能。

活动二：怎样才能变出有颜色的汁呢？

班里的蔬菜和水果越来越多，孩子们迫不及待地想将这些水果、蔬菜变出自己的颜色。于是我与孩子们开展围圈活动，提出问题："怎样才能变出有颜色的汁呢？"孩子们一言一语地分享着自己的想法。

小宇："我用手就能挤出橘子汁来。"

道道："可以试试用石头砸。"

小鲸鱼："我在家看爸爸妈妈用榨汁机榨水果，可以用它。"

元宵："我们可以用塑料袋榨石榴汁。"

多多："我们家有砸蒜的石臼，我妈妈用那个砸蒜的时候也会溅出白色的蒜汁，我想用石臼试一试。"

孩子们对于变出植物颜色所需要的材料和工具的想法越来越丰富。我们听到了孩子的需求，及时帮他们收集和准备需要的工具。工具到位了，孩子们迫不及待地尝试起来。彤彤直接戴上手套捏火龙果的果肉（图2-26）；夏茉把橘子的果肉放进塑料袋后用手捏；桐桐从大厨火锅店取来擀面杖擀塑料袋里面的蓝莓，觉得这样会省力（图2-27）；还有小朋友取来榨汁机，把石榴籽一个一个拨下来放进去，盖好盖子，启动开关，榨汁机快速转动起来（图2-28）。

图2-26　　　　　　　图2-27　　　　　　　图2-28

经过尝试，孩子们对于提取颜色的方法也有更多自己的发现，开心地和同伴分享自己的收获。彤彤发现用塑料袋提取火龙果汁时，配合擀面杖更省力，比用手捏更快；多多发现用石臼可以变出更深颜色的菠菜汁，配合过滤网挤汁更干净；天天发现用榨汁机提取猕猴桃汁会很快，比用塑料袋简单……

活动思考： 孩子们在经过多次的尝试调整后，找到了提取不同蔬菜、水果颜色的好方法。对于不同水果、蔬菜颜色的猜想，孩子们也在操作中探寻出答案，不仅感受到成功提取颜色的喜悦，而且在同伴学习中积累新经验，提升交往能力。教师转变角色，不仅成为倾听者，倾听每个孩子个性化的想法，而且成为孩子们的支持者，为孩子们准备材料、提供工具、开放场地，放手让孩子们猜想、计划、执行，支持孩子们按照自己的意愿和兴趣自主探索水果里藏着的颜色。教师要给予幼儿试错的机会，使幼儿在一次次更换调整工具材料的过程中找到提取颜色的好方法。

阶段分析与思考

幼儿深入探究的表现（探索与发现）	1. 自主选择想要使用的材料进行提取颜色的游戏。 2. 用不同的材料和工具提取水果、蔬菜的颜色。 3. 验证看到的水果颜色是否和其果汁的颜色一样。
教师支持指导策略和活动形式	1. 倾听幼儿的想法和需要，提供丰富的材料、工具和场地，鼓励孩子们大胆尝试。 2. 肯定孩子们用不同方法和材料提取不同颜色的探索。 3. 结合幼儿的操作和发现，及时开展同伴交流和分享活动，形成同伴学习的场域。

围绕问题"只有石榴才可以变出有颜色的汁吗"展开讨论，激发孩子们对不同植物颜色的猜想。幼儿搜集生活中各式各样的水果蔬菜，大胆猜想植物中的颜色，并用工具提取植物中的颜色来验证猜想。

第三阶段：多元表达，展示交流成果

活动一：用这些颜色可以做什么呢？

各种各样的植物颜色被提取出来，佑佑和彤彤非常喜欢画画，来到老师身边说："我可以用这些漂亮的颜色画画吗？"老师答应了她们的请求，而她们俩的创作吸引了更多小朋友的加入（图 2-29，图 2-30）。

图 2-29

图 2-30

豆豆用小笔刷蘸草莓汁画了一辆小汽车，还用彩笔进行了补充和装饰；开开用蘑菇刷蘸西瓜汁画了一幅和好朋友吹泡泡的画；小鲸鱼用吸管蘸火龙果汁拓印了一幅和好朋友在晚上放烟花的图案；鑫鑫用刷子给自己画的小女孩穿上了火龙果色的衣服。

彤彤发现橘子的颜色很不好上色，在画布上看不出橘色的样子；泽泽也觉得猕猴桃的汁颜色很浅，不像果肉一样那么绿，画画不是很显色。

一时间，孩子们都用自己在植物中提取出的颜色进行绘画，于是我们将孩子们常用的绘画工具、榨汁材料全部投放到美工区，供孩子们在区域游戏时间尽情游戏。

每天榨汁、画画成了孩子们钟爱的区域游戏，班级内每天都有蔬菜瓜果的味道。孩子们在美工区尽情地提取颜色，开心创作，一幅幅美妙的植物颜料画呈现出来。

> **活动思考：**艺术是实施美育的重要途径，丰富多彩的艺术活动能够培养小朋友的想象力、创造力、审美力和表现力。教师尊重孩子的想法，将从植物中提取出的颜色材料投放在美工区，支持孩子们自己选择工具，使用自己提取的颜色进行大胆的涂鸦。在绘画过程中，孩子们自主选择绘画材料，按照自己的想法大胆创作，在区域分享环节向大家展示和介绍自己的作品。孩子们越来越自信，表达自如，创意无限。

活动二：植物"颜料"可以吃吗？

班级教室里每天瓜果飘香，孩子们对美味的果汁垂涎已久，每次提取出香甜的汁水，孩子们都会情不自禁地感叹："好香呀，这可以吃吗？"冬冬着急地说："我妈妈在家用菠菜汁和过面，做出了绿色的水饺，很好吃。"小鲸鱼说："我吃过彩色的水饺，我们可以让大厨叔叔帮我们做一些吗？"于是孩子们一起找大厨叔叔帮忙，将自己提取出来的有颜色的汁做成了彩色的水饺（图2-31，图2-32）。

图2-31

图2-32

提取植物"颜料"的活动吸引了中二班的小朋友。中二班的小朋友非常好奇那些植物的颜色是怎么变出来的。通过我们班小朋友的现场演示，孩子们直观地了解了为什么植物中有颜色，都是什么颜色。其中一个小朋友说："这些颜色可以帮助我们做成彩色面条，我在家里吃过，这样我们就可以在过生日的时候吃五彩面条庆祝生日了。"热烈的讨论引发新的问题产生：中二班和面用的植物"颜料"从哪儿来？

上上说："我们可以在我们班榨好，然后给他们送过去。"

夏茉说："我们教你们，如果你们没有水果，也可以来用我们班的水果。"

在孩子们慷慨的交流中，我们的植物"颜料"有了新的用途，班级之间的活动也连接起来。每当有小朋友过生日需要制作五彩生日面时，都会来到我们班请孩子们提取植物颜色。绿油油的面条是用菠菜汁和面做成的，红色的面条是用火龙果汁和面做成的，黄色的面条是用胡萝卜汁和面做成的。每一根五彩面条中都有孩子们的心意（图2-33，图2-34）。

图2-33

图2-34

中二班小朋友做生日面的想法也同样吸引着中三班的小朋友，孩子们开始在家和爸爸妈妈尝试制作彩色食物，于是香喷喷的彩色面条、五彩水饺在自家餐桌上出现了。

活动思考：打破班级界限的课程联动可以让课程鲜活起来，孩子们走出班级，打破空间的局限，让自己的发现和所长被更多的人看到，同伴之间的学习在发生，让孩子们的发展、兴趣延续有了更多可能性。

将课程与家园共育相结合，不仅可以得到家长们对课程的认可，而且可以共同见证孩子们的兴趣和学习成果，让课程本身的教育意义更加深刻，教育效果更加饱满。

阶段分析与思考

幼儿获得的新经验与成果展示	1. 用不同的方法提取植物颜色的感受不同，获得的植物"颜料"多少、深浅等会有差别。 2. 有些植物的颜色是可以用来画画的，比如火龙果和桑葚，有些植物的颜色很浅不显色，比如橘子和猕猴桃。 3. 将植物颜色运用于生活中，如制作彩色饺子、五彩面条。
教师支持指导策略和活动形式	1. 将材料和工具投放到美工区，鼓励孩子们在区域游戏时间大胆尝试用植物"颜料"进行创作。 2. 设置作品展示区，形成孩子们的植物"颜料"画作品展。 3. 将孩子们提取的植物"颜料"制作成彩色饺子，联动其他班制作五彩面条。

　　幼儿自主开展提取植物颜色的游戏，在操作中感受、表达与表现，对植物中藏着的颜色的秘密有了多样的发现，对工具的使用更加自主，艺术创作更加丰富多彩。最后回归于生活中，将植物的颜色运用到艺术创作和食物制作中。开展植物"颜料"作品画展，可让孩子们更加自信地展现自己。

活动总结与反思

　　孩子们在植物中邂逅不同的颜色，感受色彩的存在、色彩的语言、色彩的美丽，对于科学探索的好奇心和求知欲被激发出来。孩子们通过自己的双手提取植物"颜料"，在不断尝试中熟悉了各种工具和材料，在充满期待的实际操作中收获自己喜欢的植物"颜料"，并运用到艺术创作中。孩子们发现美，在操作体验中感受美，运用自己的收获创造美。

1. 活动目标的达成度与内容的适宜性。

　　通过"藏起来的颜色"微主题活动，孩子们对身边植物的认识更加丰富，对自然的喜爱和发现更加敏感，也在一系列的发现、操作和体验中发展了语言表达能力、动手操作能力，增强了独立创作后的自信心和成就感。

　　孩子们对身边五彩的事物感兴趣，食物中的颜色激发了孩子们的探索欲。直接动手操作、亲自触摸和探究是中班阶段孩子的学习方式。孩子们在不断地操作、体验和创作中慢慢练就了一双双发现美的眼睛，相信未来也会发现生活中更多隐藏起来的色彩。

2. 亮点和不足。

孩子是学习的主体，是主动的学习者。在"藏起来的颜色"活动中，我们尝试多倾听孩子的声音，记录孩子的每个想法并给予及时适宜的支持。当孩子们出现新奇的想法时，不打断，在保证安全的前提下陪伴他们共同探索。事实证明，孩子们可以主动学习，在直接感知操作中获得新经验，孩子们是真正的有能力的学习者。我们要继续相信孩子的力量，继续做好辅助和陪伴，及时肯定孩子的成长，助力孩子们更好地发展。

不足之处在于，考虑到食品安全和身体健康的原因，一直无法支持孩子们在直接提取出植物"颜料"后进行品尝的实践，但这一实践可以通过家园共育来实现。家园之间的联系和互动可以让家长了解幼儿园课程，同时满足孩子们在幼儿园无法品尝植物"颜料"的愿望。

四、制作彩色面条

教师：杨荥

🌸 活动缘起

吃彩色面条是我们班一位小朋友在生日派对中的一个愿望。在讨论生日愿望时，孩子们有许许多多的想法，其中金煜说："以前过生日时吃过生日面，这次希望能吃到彩色的面条。"这个愿望引发了孩子们的讨论。

听着孩子们的话，我们也在不断思考，做面条能够丰富孩子们的生活经验，还能引发孩子们对面和水的探索。对于孩子们来说，在操作感知中进行学习，一定是件有意思的事情。

🌸 活动发展目标

1. 通过感知、操作，探索水与面之间的比例关系。
2. 能够在操作、观察后，表达自己的想法与问题，寻找解决问题的方法。
3. 能够认真倾听，接受并尝试同伴提出的和面方法。
4. 产生焦急情绪时，能够在成人的安抚下调整好自身情绪。
5. 喜欢参与制作面团的活动，勇于尝试有难度的事情，体验成功感和自豪感。

✿ 活动思维导图

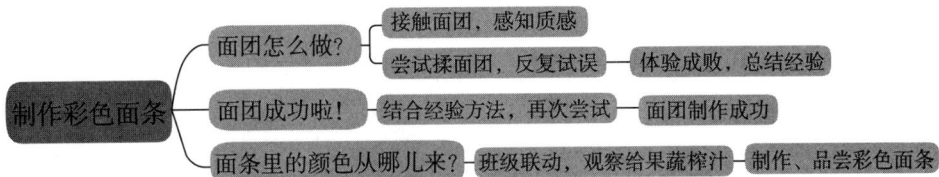

```
                    ┌─ 面团怎么做?  ─┬─ 接触面团,感知质感
                    │                └─ 尝试揉面团,反复试误 ── 体验成败,总结经验
  制作彩色面条 ──────┼─ 面团成功啦!  ── 结合经验方法,再次尝试 ── 面团制作成功
                    │
                    └─ 面条里的颜色从哪儿来? ── 班级联动,观察给果蔬榨汁 ── 制作、品尝彩色面条
```

✿ 活动过程

第一阶段:兴趣萌发,形成探究问题

活动:我想吃彩色面条

彩色面条的讨论一直持续着,孩子们纷纷说着自己的想法。"哇!我喜欢!我还没吃过彩色的面条呢。""彩色面条怎么做呀?""我家的面条都是从超市买来的。""我在家还吃过姥姥做的手擀面呢。"小毕骄傲地跟大家说。"我也见过,这样一搓,再一切就行,简单。"天天背着手说。天天的话一下子引得大家像炸了锅一样,"啊?这么简单?""咱们是不是也能试试啊?"

🚗 阶段分析与思考

幼儿感兴趣的话题	1. 希望吃彩色面条。 2. 彩色面条怎么制作?
幼儿的表现与想要探究的问题	1. 幼儿提出"彩色面条怎么制作"的问题。 2. 幼儿结合生活经验表达自己见过的面条制作方法。 3. 幼儿提出制作彩色面条的想法。
教师支持策略	师幼围绕"面条从哪儿来"展开讨论。
可利用的资源	1. 园所资源:后勤教师进班分享经验。 2. 同伴资源:幼儿进行经验分享。 3. 班级资源:教师提供时间、空间让幼儿进行充分的探索。

通过讨论了解到,幼儿吃过面条,并且有在家看家长和面的经验,但并不清楚具体的制作方法。在活动中利用园所资源、班级资源、同伴资源等,从四个方面推进活动进程,助力幼儿达成生日愿望。

第二阶段：深入探究，亲历解决问题

活动一：面团怎么做？

　　我们邀请大厨来到班里，大厨带来了一团面，告诉孩子们在做面条之前要先揉出面团，然后再制作面条。孩子们围在一起对着面团又摸又揉："面团好软呀！像云朵一样。""面团摸起来还有点黏黏的呢。"孩子们不断地表达着自己摸到面团的感受（图 2 - 35）。"那面团又是怎么做的呢？面和水一起放进去就行了吗？"嘉木抬着头，好奇地问大厨。大厨介绍说："当然不行，

图 2 - 35

还需要不断地揉，才能形成面团。"那我们一起试试吧。大厨一边示范一边说："把面盛在盆里，开始可以先加一些水，用手把面和水混合在一起，再揉一揉就可以了。"

　　看着大厨的操作，孩子们跃跃欲试。但很快一个个问题就冒了出来："我的手好黏呀！面都粘在手上了。""我的面怎么都捏不上呀，还是一块一块的。""怎么越加水，面就越黏呀！""我都加了好多面了，怎么还是不行？"看来面团的制作并不简单。"老师，这面糊的我手好难受呀，我都不能动了。"子棽眉头皱在一起，脸都有些红了。"子棽别着急，两只小手相互帮忙，先把面从手上取下来。"在安抚下，子棽情绪平和一些，开始"解救"自己的小手。"老师，帮帮我！呜呜呜……"小毕的面团一直没成型，急得都流下了眼泪。"你的面和水都加好了，慢慢揉就行啦。"在老师的鼓励下，小毕擦了擦眼泪，开始继续尝试（图 2 - 36，图 2 - 37）。

图 2 - 36

图 2 - 37

活动思考：幼儿在活动中，自主性与主动性有了进一步发展，能够提出自己的想法，并主动参加活动。幼儿的学习需要建立在操作的基础上，在观看大厨揉面的时候，幼儿不断地表达自己对面团的感知。操作和摆弄是幼儿好奇心与探究精神的主要表现，所以教师为幼儿提供了操作的机会。当幼儿面对面团没成型、手被面粘住等一系列困难时，产生了一些焦急、畏难的情绪，老师没有马上介入，而是给他们反复试错的机会，引导幼儿控制好自己的情绪，勇于挑战，努力做好自己的事情。在老师的支持和鼓励下，孩子们克服畏难情绪，反复尝试。为实现目标努力的过程，是孩子们最宝贵的经历。

活动二：面团成功啦

在第一次尝试后，有的小朋友成功制作出面团，有的小朋友却没有成功（图2－38）。我们一起进行了分享，沛宜说："我的面团不干也不湿，很轻松就能拿起来。"平平说："我的面都是碎碎的，捏不成圆球。"子椮说："我盆里面的面黏糊糊的，像胶水一样粘手。"

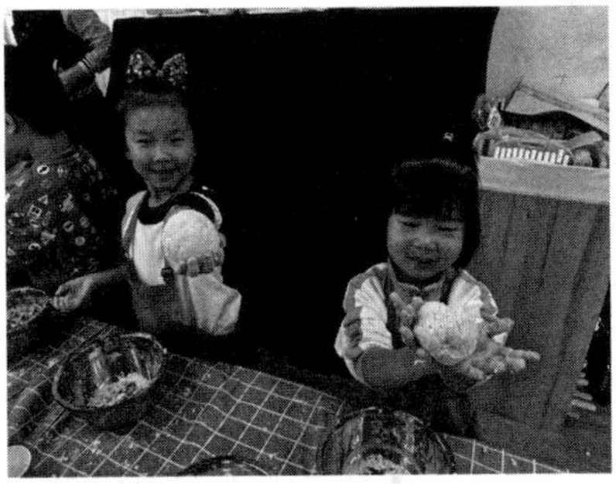
图2－38

听着分享，湘悦问："怎么大家的面团都不一样啊？"我也问："是呀，大家都用面和水，为什么沛宜的面团很合适，平平和子椮的就没成功呢？"沛宜主动说："我在家看过家人和面，水不能一下加特别多，我是先倒一些，再一点一点加的。"这时候，南昕说："我在家看过姥姥和面，也是这样的，如果面老是粘手，就不能老加水了，得加些面，要是面都捏不起来，就说明该加水了。"

那得用多少水和面才能成功呢？我们又开始了新一次的尝试，用纸杯来进行记录。在这一次尝试中，孩子们用到了之前的好办法，有时候加水，有时候加面。小朋友们纷纷尝试沛宜和南昕的方法，果真，面团向着成功的方向发展了。一个个软乎乎的面团很快就成型了。

活动思考：在第一次和面后，大家一同进行分享，幼儿通过对比发现，虽然大家都用到面和水，但产生的结果并不同。教师抓住契机，帮助幼儿梳理问题，总结经验。幼儿结合自己的生活经验，一同总结出和面的好方法：水不能一下子倒进去，要一点一点加。面总粘手就要加面，面干干的就说明要加水了。揉面团对于中班幼儿来说，一定是需要多次尝试的。

教师也根据活动的特点，给予幼儿多次尝试、实验的机会，让幼儿充分感知、观察和思考。在第二次和面时，纸杯起到了标准容器的作用，幼儿能够更加直观地感受到面与水之间的多少，初步感知数学中的比例关系。

活动三：面条里的颜色从哪儿来？

我们已经会做又白又软的面团了，可是还不能达成我们的愿望——彩色面条。面团里的颜色又从哪儿来呢？"我们美工区不是有那么多颜料吗？"天天的想法一下子引起轩然大波。"啊！美工区的颜料可不能吃啊！"沛宜说。孩子们纷纷说："是呀，那些颜料吃了该生病了。""那我们的彩色面团可怎么做呀？"孩子们一下犯了难。看着孩子们的状态，我好想告诉他们中三班有蔬菜汁、水果汁能用，但是我忍住了。班里老师一起讨论后决定，为孩子提供参观的机会，看看孩子们能不能发现解决办法。

于是，我们到中三班参观。孩子们看到小朋友们正在用各种各样的工具挤压蔬菜水果的汁水。"橘子汁是橙色的，菠菜汁是绿色的，紫薯汁是深深的紫色。"中三班小朋友一边做一边向我们说明每种食物里都有哪些颜色。"哇，这么多颜色，那吃进去了，我的肚子里是不是也有好多颜色呀？"任易好奇地问。"是的，这些颜色都能吃，还会对我们的身体有帮助呢。"小朋友继续说道。"这些颜色，咱们能借一些带走吗？"沛宜悄悄地在我耳边问。"你要用它干吗呀？"我也悄悄地问。"把它加到白白的面团里，是不是就能变成彩色面团了？"沛宜的声音被更多的小朋友听到了。"对呀对呀，我们想借用一些蔬菜汁和水果汁做彩色面条。"任易对中三班的小朋友说。"可以，没问题。"中三班小朋友痛快地答应了下来。

活动思考：中班幼儿主要通过各种操作活动认识周围世界，此时他们对事物的认识是直接简单和表面化的。例如，制作彩色面团时，幼儿会想当然地认为面团中的彩色来自颜料。因为幼儿是通过操作、感知活动积累认知经验的，所以教师为幼儿提供参观、操作的机会，打破班级界限，与其他班幼儿进行联动，观察果蔬榨汁的过程，帮助本班幼儿丰富经验，从而引发下一步活动的可能。

阶段分析与思考

幼儿深入探究的表现（探索与发现）	1. 幼儿接触面团，感受面团的质感。 2. 幼儿自主尝试揉面团，出现"粘手""不舒服"的体验感受，产生焦急情绪。

（续）

幼儿深入探究的表现（探索与发现）	3. 幼儿针对"面团不一样"的问题进行讨论，同伴分享揉面团的方法，并进行第二次揉面尝试，用纸杯加水。 4. 幼儿通过参观了解到果蔬中的汁水能够帮助制作彩色面条。
教师支持指导策略和活动形式	1. 打破班级界限，邀请后勤教职工走进班中进行指导，帮助幼儿丰富经验，近距离接触面团，激发幼儿探索的兴趣。 2. 当幼儿面对一系列困难，产生焦急、畏难的情绪时，教师认可并安抚幼儿的情绪，给予幼儿反复试错的机会，通过鼓励引导幼儿控制好自己的情绪，提高幼儿的抗挫能力和责任感。 3. 教师帮助幼儿梳理揉面团的经验、方法，共同总结出揉面的方法。教师给予幼儿充分操作探索的空间，并投放纸杯作为标准容器，引导幼儿关注面与水之间的比例关系。 4. 教师为幼儿提供参观、操作的机会，与其他班幼儿进行联动，观察果蔬榨汁的过程，帮助本班幼儿丰富经验。

第三阶段：多元表达，展示交流成果

活动：彩色面条真好吃

经过一上午的等待，果蔬汁终于送来了，绿色的是菠菜汁，橙色的是橘子汁。接着我们又开始揉彩色面团。这一次，每个人选择一杯自己喜欢的果蔬汁，再舀取两杯面，用之前学会的方法制作彩色面团。很快，面团就揉好了。孩子们接着将面团分为一个个小面团，不断地搓长、搓细，一根根彩色面条就成功啦（图2-39）！

图2-39

晚餐时，孩子们品尝着自己制作的彩色面条，别提多开心了，子榕说："我做的面条可真好吃呀！"

活动思考：在活动的过程中，幼儿能够与同伴、教师之间进行交流，分享探索和发现的过程，感受揉面、制作面条的乐趣，知道食物的来之不易，从而引发爱惜粮食的良好品德。但就教师而言，或许可以给予幼儿多一些思考时间，如让幼儿探寻彩色面条中的颜色从哪里来，进而引发更多的探索活动。

阶段分析与思考

幼儿获得的新经验与成果展示	使用果蔬汁制作彩色面团，通过搓、抻的方式，成功制作出彩色面条，并在晚餐时进行品尝。
教师支持指导策略和活动形式	1. 教师为幼儿提供再次制作的机会，让幼儿体验成功的喜悦。 2. 教师联系后勤教师，助力幼儿完成愿望。

在本次"彩色面条"活动中，教师倾听和关注幼儿的兴趣与需求，把握幼儿的好奇心，投放材料，提供经验支持，深入挖掘活动价值。幼儿在活动中丰富了生活经验，增强了动手操作能力，精细动作得到发展。在未来的活动中，我们也将给予幼儿更多的时间去思考和独立解决问题，以激发幼儿更加广泛的探索欲望和创造力，从而促进幼儿全面发展。

活动总结与反思

1. 倾听幼儿想法，环境创设以儿童为本。

教师经过课程审议，认为有许多可持续探索的兴趣点，于是开展了微主题活动"制作彩色面条"。本次活动从发起到准备均由幼儿合作完成，充分满足了幼儿自理、自立、自主的愿望。教师通过倾听与关注，及时发现幼儿对"彩色面条"的兴趣与需要，并提供适宜的支持，使幼儿获得了更多的生活经验。

本次活动与以往开展微主题时给师幼带来的状态与感受都不同，活动的开展更有操作性、趣味性。教师也深刻感受到，当班级创设的环境真正做到"可寻、可探、可看、可说"时，幼儿才能够理解墙面上的内容，幼儿对活动的参与度才更高。

2. 教师转变观念，理解、尊重儿童。

这一次活动我们有许多新尝试，之所以得以推进顺利，得益于是教师观念的改变。以往面对幼儿想要吃生日面的想法时，教师一般会请厨房老师直接为幼儿煮面条，大家一起吃面条，感受开心快乐的氛围后就结束了。但这次，在课程审议的前、中、后期，我们都在不断思考每一个环节对幼儿的发展，在活动中更多地理解、尊重儿童。

3. 提升师幼互动质量，在真实经历中成长。

在课程开展过程中，我不断思考如何发现幼儿的兴趣，并恰当持续地给予支持。都说兴趣是最好的老师，通过微主题活动，我切实感受到，当幼儿有发自内心想要去做的事情时，当师幼间的互动氛围轻松、融洽时，幼儿在活动中、学习中才能更加自主，幼儿的内驱力才会被真正调动起来。在制作面团的过程中，我们不仅给予幼儿充分的操作体验空间和机会，而且在不断尝试、实验中与幼儿一同经历困惑和思考的过程。成功与失败的结果对于幼儿来说都是最宝贵的经历。在揉面团、制作彩色面条的过程中，学习在自然而然地发生。我们喜悦于幼儿的想法和实践，但更多的是切实感受到相信儿童的力量带来的震撼。

活动结束后，我们反思认为，业务上的进步仅仅依靠观念的转变是不够的，还需要理论与经验的支持。于是学期初，班级教师共同深读《纲要》《指南》，力求做到心中有目标，为开展活动打基础。在深入探究阶段，针对与幼儿讨论的内容，班级教师持续进行梳理、推敲，如给予孩子自主探索的空间是否足够，梳理解决问题的方法和过程是不是真正帮助幼儿内化经验；在困惑的地方会查阅相关资料进行讨论，对接关键经验，进行课程审议。在活动收尾阶段，不断复盘、总结，反思给孩子们展示的空间够不够，能不能在下一次微主题活动开展时有不一样的展示方式。当然问题的产生推进着事物的发展，我们也将在工作中继续思考，寻求问题的答案。

五、豆子成长记

教师：杨荣

❀ 活动缘起

午餐时，教师介绍菜谱："中午我们吃的是肉沫豆芽，祝小朋友用餐愉快。"话音刚落，孩子们小声讨论："你看我这个豆芽特别长。""我的豆芽上还连着豆子呢。""我在家就跟奶奶泡过豆芽呢。""啊？豆芽怎么长出来的？"一次寻常的午餐，却激起了孩子们关于泡豆芽的探究兴趣。教师想到泡豆子能够为幼儿提供种植的机会，了解照料豆子、泡豆芽的方法，感知豆子成长为豆芽的生长变化，萌生爱护植物的意识，于是随着孩子的兴趣推进活动。

❀ 活动发展目标

1. 喜欢接触自然事物，对豆子的变化产生兴趣，愿意提出与新变化有关的问题。

2. 通过连续观察、比较、操作实验等方法，感知和发现豆子的生长变化及其基本条件。

3. 能够通过简单的调查方法收集信息，并用图画、拍照等方式记录探究过程与结果。

4. 在分组照顾豆子的过程中，提高自身责任感及与同伴合作沟通的能力。

🌸 活动思维导图

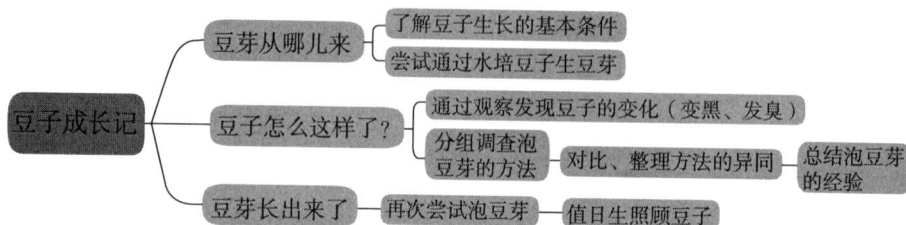

```
                    ┌── 豆芽从哪儿来 ──┬── 了解豆子生长的基本条件
                    │                 └── 尝试通过水培豆子生豆芽
                    │
  豆子成长记 ───────┼── 豆子怎么这样了？─┬── 通过观察发现豆子的变化（变黑、发臭）
                    │                    └── 分组调查泡 ── 对比、整理方法的异同 ── 总结泡豆芽
                    │                        豆芽的方法                          的经验
                    │
                    └── 豆芽长出来了 ── 再次尝试泡豆芽 ── 值日生照顾豆子
```

🌸 活动过程

第一阶段：兴趣萌发，形成探究问题

活动：豆芽从哪来？

"豆芽到底从哪来的呢？"我们利用围圈时间开展讨论。大霖说："我觉得是从土里长出来的，长出来就是一根根的豆芽。"嘉嘉赶紧摇头："我觉得是从豆子变的。"婉瑜说："之前咱们帮助大厨剥豌豆的时候，豌豆都湿湿的，有些豌豆就长了芽，肯定是因为有水才长了芽。"甜甜说："我之前看到过奶奶在家泡豆芽，就是把豆子放进水里，然后就长出豆芽了。"嘉嘉高兴地说："真的吗？那咱们把豆子泡到水里试试吧！""我看奶奶之前是用盘子泡的豆子，"甜甜一边说一边拿起班里的一个盘子，"就像这个，我们试试吧（图2-40）。"

图 2-40

活动思考： 教师通过倾听幼儿的交流，了解到幼儿对植物生长发育的基本条件有初步的了解，并结合自己对豆芽的观察提出合理猜想：豆芽是从豆子变的。再借助先前剥豌豆时积累的经验，提出了豆子长芽需要水分的猜想。在这一过程中，幼儿激发起学习和探索的愿望以及独立自主的精神，同时积累种植经验。对于幼儿而言，泡豆芽这件事是生活中真实有趣

发生的事情，能够在活动中获得开心愉悦的体验，于是教师为幼儿提供豆子、培养盘等材料，进一步激发幼儿兴趣，支持幼儿进行探索。

阶段分析与思考

幼儿感兴趣的话题	1. 豆芽从哪来？ 2. 怎样泡豆芽？ 3. 我们能泡豆芽吗？
幼儿的表现与想要探究的问题	幼儿观察豆芽后提出合理猜想：豆芽是从豆子变的。再借助先前剥豌豆时积累的经验，提出了豆子长芽需要水分的猜想。
教师支持策略	组织幼儿围绕"豆芽到底从哪来？"和"水里能泡出豆芽吗？"两个问题展开讨论。
可利用的资源	1. 自然资源：黄豆。 2. 班级资源：合适的器皿（托盘、盘子等）。 3. 科技资源：通过网络视频、拍照摄像等方式，收集问题信息并对探究过程进行记录。 4. 家庭资源：家长能够提供养护豆子的方法。 5. 绘本资源：绘本《大豆！变身！》《神奇的种子图鉴》……

第二阶段：深入探究，亲历解决问题

活动一：豆子怎么这样了？

过了几天，孩子们一起观察，嘉嘉大叫了起来："哎呀好臭！豆子怎么这样了？"小朋友们听到嘉嘉的声音后，纷纷跑来看豆子，七嘴八舌地讨论了起来："豆子都黑了，肯定是坏了。""这下我们泡不出豆芽了。"利用围圈时间，老师和孩子们继续着关于"坏豆子"的讨论，孩子们的话语中透露出沮丧与挫败。"老师知道你们看到豆子坏了，一定觉得很难过。不过这才是我们第一次尝试，也许下一次就会成功了，我们一定能够泡出豆芽。"老师安慰着孩子们的情绪，同时鼓励着孩子们继续探索："看来只是把豆子放在水里泡着这个方法不太行，我们能从哪儿知道一些好方法呢？"

孩子们不再沉浸在失败里，纷纷举手："我们去问保健老师吧！""保安叔叔总照顾小菜园，他肯定知道。""我们去问大厨，他们给我们做的豆芽，肯定知道豆芽怎么长出来的。""我们还可以问问奶奶。"

活动思考：幼儿观察到豆子发黑、变臭，猜想可能泡不出豆芽了。当幼儿经历失败，遇到困难时，教师没有急于介入指导，而是通过适当的引导、鼓励，支持幼儿进行深入的探索。幼儿运用自己在幼儿园的经验，知道可以询问经常接触豆子、豆芽的人，进行简单调查，找到泡豆芽的好办法。在通过各种途径找到问题的答案后，教师将与幼儿共同分享、梳理经验，进一步支持幼儿进行验证。

活动二：我们再试试

孩子们变身调查员，分组对保安叔叔、保健老师、大厨叔叔进行了采访："怎样才能泡出豆芽呢?"保安叔叔说："泡豆芽得盖上湿布。"保健老师说："盘子里的水不能太多，需要每天换水。"大厨叔叔说："豆子发芽不能见光，你们可以用塑料袋盖上点。"每一组孩子都认真倾听着老师们分享的好方法，并且用手机录制下来（图2-41~图2-44）。老师通过微信群将孩子们的疑问发给家长，有经验的家长也纷纷参与进来，将好方法拍成照片、视频告诉孩子们。

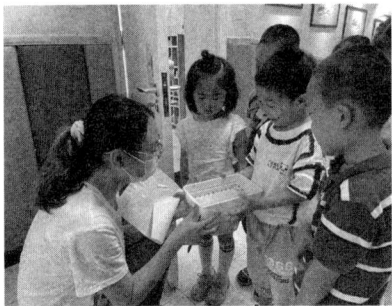

图2-41

图2-42

图2-43

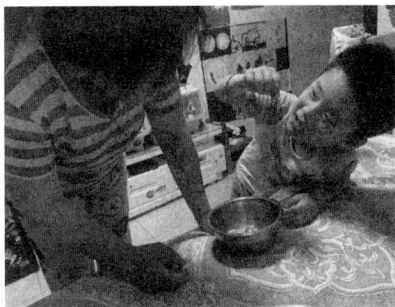

图2-44

在集体教育活动中，孩子们一同观看各组的采访视频，分享着自己收集到的好方法。

在分享的过程中，老师帮助孩子们进行梳理，最终总结出了好方法。第一，豆子需要每天换水，水不能没过豆子；第二，豆子洗干净后，上面要盖一块湿润的布（图2-45）；第三，豆子上盖上湿布后，还要套上黑色的塑料袋，避免晒到太阳（图2-46）。

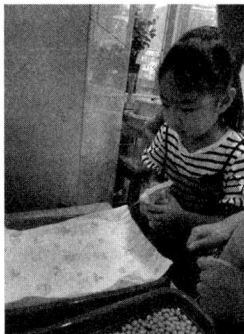 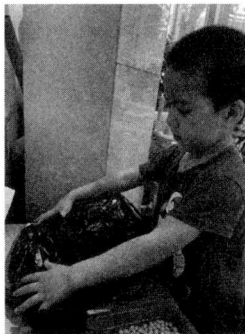

图2-45　　　　　　　　图2-46

🚗 阶段分析与思考

幼儿深入探究的表现（探索与发现）	1. 当第一次泡豆芽失败时，孩子们在老师的鼓励下，想到向有经验的人寻求帮助。 2. 幼儿针对"如何泡豆芽"展开探索，结合自身经验，通过多种途径进行调查。 3. 幼儿分享了解到的方法并进行讨论。再次进行泡豆芽的尝试。
教师支持指导策略和活动形式	1. 幼儿面对第一次泡豆子的失败，感到沮丧与挫败。教师看到幼儿的状态，认可并理解幼儿的情绪，同时鼓励幼儿再次尝试，并提出关键性问题："如何知道泡豆芽的方法？"帮助幼儿思考方法进行调整。 2. 教师带领幼儿对幼儿园工作人员进行访问，并通过录像、拍照的形式进行记录。教师将幼儿遇到的问题发送到班级群中，请有经验的家长为幼儿进行解答。 3. 教师通过绘图、标注等方式，将每组的答案进行对比整理，支持幼儿进行理解。结合好方法，提供幼儿需要的材料，鼓励幼儿再次进行尝试。

面对失败，幼儿的情绪受到影响，这是幼儿遇到的问题之一。教师有意识地抓住幼儿遇到挫折的契机，并不是一味鼓励，而是认可幼儿的情绪，帮助幼儿对情绪加以识别，再进行引导、鼓励，培养幼儿的抗挫折能力。通过讨论和安抚，幼儿能够调整自身的情绪状态，投入下一次的尝试中，并初步学会分享、互助和合作，尝试共同解决出现的问题。

豆子发黑、变坏是幼儿第一次泡豆子时遇到的问题。教师通过提出关键性问题，引发幼儿持续探索，利用园所资源与家长资源，持续支持幼儿探寻泡豆芽的方法。结合集体教育活动、围圈活动，对采访内容进行梳理和总结，帮助幼儿提升、总结方法，提供下一步尝试的机会。幼儿在此过程中，能够大胆质疑与猜测，初步体验小组学习，具有合作意识和能力，共同进行调查。在调查后能够勇于表现，和同伴进行分享，交流发现的方法和过程。

第三阶段：多元表达，展示交流成果

活动：豆芽长出来啦！

找到了好的方法后，孩子们再一次进行生豆芽的尝试。"这次我们可要好好照顾它们，每天都给豆子换水。"嘉嘉说。硕硕也说："咱们来当值日生，大家轮流换水。"甜甜说："我还要把豆子画下来。"经过孩子们的细心照顾，果然，没几天豆子就发出了又长又壮的豆芽（图2-47）。孩子们高兴得手舞足蹈："太好了！豆芽终于长出来了！""多亏了大厨叔叔的好方法，太感谢他们了！"嘉嘉说。"我想把豆芽送给保健老师，她也告诉了我们好方法。"硕硕说。于是

图2-47

孩子们将豆芽进行分装，送给帮助过自己的老师们以表达感谢，有的孩子将豆芽带回了家，和家人一同分享泡豆子的故事。

活动思考：在幼儿进行采访后，教师及时与幼儿一起对采访内容进行梳理提升，并且立刻开展第二次实验，不仅帮助幼儿提升种植经验，而且把握幼儿兴趣，给予幼儿探索的空间与机会。在思考讨论、询问梳理的过程中，幼儿加深了对豆子、豆芽的认识，了解了泡豆芽的知识，并自主制订值日生计划。幼儿表现出认真负责、乐于照顾植物的责任心和与同伴合作沟通的能力。在豆芽萌出后，幼儿体验到成功感，还将成果进行分享。教师捕捉教育契机，让幼儿学会感恩、感谢，帮助幼儿内化情感认知与社会认知。

🚗 **阶段分析与思考**

幼儿获得的新经验与成果展示	1. 调整后的方法使幼儿成功地泡出豆芽,孩子们体验到成功的喜悦。 2. 幼儿向给予指导泡豆支持的教职工介绍自己的豆芽。 3. 幼儿带豆芽回家,分享泡豆芽的经历。
教师支持指导策略和活动形式	1. 提供材料进行支持,并且引导幼儿增加值日生内容。 2. 在区域游戏中,支持幼儿进行观察和记录。

✿ 活动总结与反思

活动中,我们不断思考教师的角色。作为成年人,相对于幼儿有着更加丰富的生活经验,但我们并没有将自己的生活经验直接告诉幼儿,指导幼儿应该如何去做。而是追随着幼儿的脚步,跟随幼儿自主探究的节奏,一起去探索发现豆子的秘密。在泡豆芽活动中,幼儿经历大胆尝试、泡豆失败、寻求帮助、再次实践等过程。当孩子们提出泡豆芽想法时,我们根据幼儿的想法提供合适的器皿。在第一次泡豆芽失败后,教师首先关注孩子们的情绪,对孩子们沮丧、挫败的情绪进行安抚,但依然没有将正确的方法直接告诉幼儿,而是通过鼓励、提问启发幼儿寻找好办法。当幼儿提出想要询问幼儿园的保健医、大厨、保安叔叔时,我们为幼儿提供了分组询问的机会,并共同总结泡豆芽的方法,还成立豆豆小纵队,制订每日观察、换水、记录的值日生计划。当豆芽成功萌出时,我们一同享受成功的喜悦。

活动中,教师能够准确把握幼儿的兴趣点,并进行支持与延伸,形成课程。提供充足适宜的材料、工具等,让幼儿充分观察、操作。通过围圈讨论、小组讨论、分组采访帮助幼儿梳理问题,保持幼儿学习的动力。通过集体教学活动、日常师幼互动等教学方式,师幼共同总结方法,提升经验。

在未来的活动当中,教师可以根据幼儿的兴趣或需要丰富内容,例如为幼儿提供多种豆子及关于豆类植物生长的绘本,丰富幼儿的认知经验;形成新的问题"豆子还能做什么?"促使幼儿深入探究,增加课程的更多可能性。

生活中随处可见、普通得不能再普通的事物,对充满好奇心的孩子们来说,也许蕴含着无数教育契机。正是生活中的一次次教育契机,让孩子们一点点成长为幸福的模样。我们在幼儿身后,追随幼儿兴趣,通过物质材料和精神鼓励支持幼儿的深入发现与探索,不急于求成,而是耐心等待。让我们以渺小启程,坚信会在路上与所有美好相逢。

第三章 大班微主题活动

一、探秘钱币

教师：赵思晴

❀ 活动缘起

前段时间，墩墩从兜里拿出一枚硬币，开心地拿到我面前说："赵老师，我兜里有个硬币。"这引发了很多小朋友关于钱币的讨论。

昕宸："这是一毛的硬币，我还见过黄色5毛的硬币呢。"

诗桐："我跟姥姥去菜市场用过10元纸币买菜。"

宓宓："我还见过5元纸币，和10元纸币颜色不一样。"

宬宵："为什么生活中没有7元呢?"

浩霖："钱币都有什么不一样呢?"

《纲要》指出：教师应该善于发现幼儿感兴趣的问题和事物中蕴藏的教育价值，把握时机积极引导。现在大家买东西普遍会用手机支付，幼儿接触钱币的机会越来越少，于是当孩子们对钱币产生各式各样的问题时，为了帮助幼儿联系生活认识钱币，学习使用钱币，我们开启了探秘钱币的活动。

❀ 活动发展目标

1. 了解钱币换算，能够运用数学运算解决实践活动中遇到的问题。

2. 培养初步合理的消费观念，知道钱来之不易，感受家长的辛苦付出。

3. 在游戏和探究中有较强的目的性和计划性，能尝试借助不同途径达成自己的游戏目标。

4. 通过观察、比较、分析，发现并描述钱币的不同特征。

5. 能够运用数字、图画或其他符号记录活动中的发现及问题。

✦ 活动思维导图

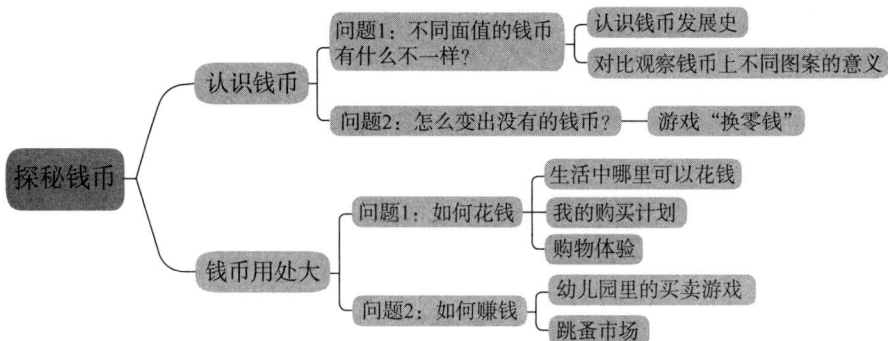

```
                          ┌─ 问题1: 不同面值的钱币 ─┬─ 认识钱币发展史
                          │    有什么不一样?        └─ 对比观察钱币上不同图案的意义
              ┌─ 认识钱币 ─┤
              │           └─ 问题2: 怎么变出没有的钱币? ─ 游戏"换零钱"
    探秘钱币 ─┤
              │                                  ┌─ 生活中哪里可以花钱
              │           ┌─ 问题1: 如何花钱 ─────┼─ 我的购买计划
              └─ 钱币用处大┤                      └─ 购物体验
                          │                      ┌─ 幼儿园里的买卖游戏
                          └─ 问题2: 如何赚钱 ─────┤
                                                 └─ 跳蚤市场
```

✦ 活动过程

第一阶段：兴趣萌发，形成探究问题

活动：不同面值的钱币有什么不一样？

结合前期的生活经验，孩子们知道生活中有 1 元、5 元、10 元等各式各样的人民币，也有新问题新发现产生：不同面值的钱币有什么不一样呢？

跟随孩子们的新问题，我们开展小组活动"认识各式各样的人民币"。孩子们将不同面值的钱币进行对比观察，找到钱币相同的地方是都印着毛主席头像，不同的地方是人民币上有不同的花，背面有不同的景色。

为了深入了解人民币，我们通过观看有关视频和查阅资料，一起解答心中的疑惑。我们发现，原来毛主席印在上面代表这是我们中国的钱币，1 元人民币上印的兰花，5 元人民币上印的水仙花，10 元人民币上印的月季花，20 元人民币上印的荷花，都是中国的传统名花。

🚙 阶段分析与思考

幼儿感兴趣的话题	生活中见过什么样的钱币？
幼儿的表现与想要探究的问题	1. 萌发对各式各样钱币的兴趣。 2. 主动观察生活中各式各样的钱币。 3. 在生活中使用钱币花钱。
教师支持策略	1. 搜集生活中的钱币。 2. 围绕"不同面值的钱币有什么不一样"展开围圈讨论。

（续）

可利用的资源	1. 绘本和影视资源：绘本《钱从哪里来呢》《钱币的发展史》等。 2. 家庭资源：借助家长资源，支持幼儿开展社会实践，如去超市买东西。 3. 环境资源：借助超市环境，支持幼儿使用钱币。

一次偶然的机会让孩子们对钱币产生浓厚的兴趣，寻找对于人民币疑问的答案，丰富关于人民币的认知，萌发对人民币的探索欲望。我们尊重孩子们不同的想法。当孩子们提出"为什么生活中的人民币不一样"的问题时，我们充分调动生活资源，及时捕捉教育价值，共同从人民币的构造、历史出发，认识各式各样的人民币，孩子们的探究兴趣和好奇心被大大地调动起来。

第二阶段：深入探究，亲历解决问题

活动一：怎么变出没有的人民币？

孩子们对钱币的兴趣愈发浓厚，不只观察不同面值人民币图案上的特点，也开始结合生活经验，发现钱币中出现的数字很少，只有1元、5元、10元、20元，并没有3元、7元、9元，那么新问题来了：怎么变出没有的钱？

骐宁："人民币没有7元的，但是可以用已有的人民币组成7元。"

斯涵："我知道，用一个5元、两个1元就可以组成7元。"

我们与孩子们一起开展小组数学活动，以游戏的方式统计出将10元换成零钱的不同方法，还利用不同的记录方式呈现孩子们的统计结果（图3-1，图3-2）。

图3-1

图3-2

活动思考：《指南》强调，通过实物操作引导幼儿理解数与数之间的关系，并用运算解决实际问题。在幼儿发现没有 7 元、9 元等人民币时，我提出关于"怎么变出没有的人民币"的问题，引导幼儿在探究中认识事物，理解数、量及数量关系。幼儿不仅能够运用数学运算解决生活中实际找零钱的问题，而且在游戏中提高交往能力。作为教师，我非常珍视幼儿在互动中产生的问题，支持幼儿以问题为切入点，运用自己的方式主动探索，在解决问题的过程中积累新经验，同时给予幼儿直接感知操作、亲身体验的机会，鼓励幼儿在实践中探索更多有关钱币的秘密。

活动二：如何花钱?

随着对钱币的深入了解，孩子们迫切地想在生活中使用钱币，那新的问题又产生了：我们可以在哪花钱呢？

丹墨："可以去菜市场，我跟爷爷奶奶去买菜要花钱。"

霖曦："出去吃饭需要花钱，但是我自己没有付过钱。"

豆苗："我去超市买东西要花钱。"

一言一语中，孩子们发现生活中很多地方都会花钱，还透露出想亲身体验买东西付钱的愿望。于是我们准备追随孩子们的想法，提供社会实践的机会，从而激发幼儿主动学习的意愿，培养正确的消费观。

这时候孩子们纷纷说出自己想用钱买的物品。

牛牛："我要买一个铅笔盒，买好看的本子。"

霖曦："太好了，我总算可以买自己最喜欢的零食了。"

诗桐："我们有多少钱啊？万一钱不够怎么办。"

承烨："那我们也不知道我们喜欢的东西多少钱啊?"

孩子们非常想去购买自己喜欢的物品，但是担心自己的钱不够。于是我们以儿童会议的形式再次深入讨论：假如我们有 10 元，可以买什么东西？

丹墨："10 元好少啊，只能买一袋零食吧！"

六六："我也不知道我想要的东西多少钱。"

建桐："我们可以去超市看看每个东西的价格，看看 10 元够不够。"

跟随孩子们的想法，教师充分利用家长资源，鼓励孩子们和爸爸妈妈走进超市，用自己的方式记录想买东西的实际价格，然后将记录带回来与同伴们分享。在分享过程中，孩子们不仅提高了语言表达能力，而且认识了各式各样价签上的数字，还能够根据价签上的价格判断 10 元够不够买，从而制定一份属于自己的 10 元购买计划（图 3-3，图 3-4）。

图 3-3

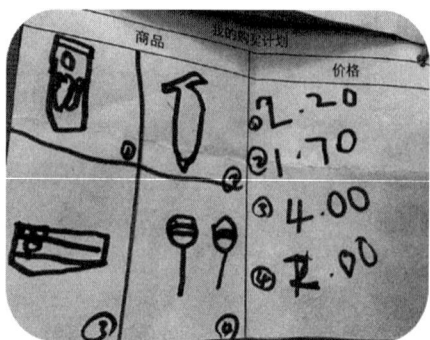

图 3-4

在家园共育活动中，孩子们拿着自己的购买计划，迫不及待地和爸爸妈妈走进超市，按照自己的计划去购物。

有的孩子按照计划买完后，发现还剩下一两元，立刻返回超市想把剩下的钱花掉。有的孩子找不到自己购买计划中的东西，于是开始重新计算 10 元都可以买什么。有的小朋友鼓起勇气去收银台和售货员阿姨交流。还有的孩子发现价格变了，立刻调整自己的购买计划，计算 10 元可以买的东西。

> **活动思考：**亲身体验购物的实践活动是积累生活经验的重要手段与途径。作为教师，我们不仅为幼儿创设充足的交流探索环境，而且充分借助生活资源和社会资源鼓励幼儿主动思考，大胆尝试做生活的小主人。鼓励幼儿借助购物实践机会理解"加"或"减"的实际意义，解决购物中的问题，将数学运算的知识运用到实际生活中，积累丰富的数学经验。活动还可以培养幼儿适应社会生活的能力，真正从各方面为幼小衔接做好充分准备。

活动三：买卖游戏

购物体验之后，孩子们对买卖依然保持着浓厚的兴趣，非常喜欢玩买卖游戏，于是我们和孩子们思考怎么在班里玩买卖游戏。

豆苗："我们可以带东西到班里卖。"

天悦："我们可以在班里建一个店铺，这样就可以玩买卖游戏了。"

建店铺的创意想法得到了大家的支持。孩子们尝试将美工区打造成店铺的样子，自主给每个制作的作品标价，其他小朋友可以作为顾客来店铺买自己喜欢的东西（图 3-5，图 3-6）。

图 3-5

图 3-6

买卖游戏在班级中热闹地开展起来，孩子们都争先恐后地当售货员卖东西。这时，孩子们又提出新问题：我们都想当售货员卖东西，怎么办呢？

晓申："我们可以一组买东西，一组卖东西。"

墩墩："可以轮流当售货员。"

于越："我来卖东西，弟弟妹妹来买。"

孩子们对买卖游戏更加感兴趣，在区域游戏中，可以看到孩子们纷纷当起售货员，热情地推销自己的商品。

> **活动思考：**从在实际生活中花钱，到孩子们自发地在班级创设店铺来赚钱，教师给予幼儿空间及想法，提供模拟真实的钱币材料，让幼儿在买卖游戏中运用换算解决找零、付钱的问题，从而让孩子们的游戏更加真实。在买卖游戏中，孩子们用自己的劳动所得购买喜欢的东西，并且合理规划自己的消费行为。

阶段分析与思考

幼儿深入探究的表现（探索与发现）	1. 发现不同面值的钱币上印着不同的图案。 2. 发现生活中没有3元、7元、9元钱币，想变出这些钱币。 3. 渴望在生活中花钱。 4. 如何赚更多的钱呢？
教师支持指导策略和活动形式	1. 提供有关钱币的视频，利用家园共育的形式搜集资料，让幼儿认识不同的人民币。 2. 提供不同面值钱币的模拟材料，仔细观察对比其相同与不同之处。 3. 借助小组数学游戏活动换零钱，帮助幼儿理解如何"变"出没有的钱币。 4. 通过家园共育，提供去超市购物的机会，支持幼儿在生活中花钱。 5. 班级创设商铺，鼓励幼儿自发玩买卖游戏。

在活动中，教师倾听幼儿的声音，支持幼儿的想法。为了帮助幼儿解决心中的疑惑及问题，我们通过绘本、家园共育等形式丰富幼儿对人民币的认识。针对孩子们发现没有 7 元、9 元等人民币的问题，通过小组数学活动组合钱币，利用数学知识解决实际生活中的问题。随着孩子们的兴趣越发浓厚，萌发在生活中花钱的想法，再次推动幼儿深入学习。教师充分借助生活资源开展购物实践，让幼儿制订购买计划，合理规划自己的消费，大胆尝试做生活的主人。

第三阶段：多元表达，展示交流成果

活动：跳蚤市场营业了

随着游戏的深入，孩子们已经不满足于在班级玩买卖游戏，更希望在生活中真实体验买卖东西。于是我们将环境、机会赋权给幼儿，借助六一活动与孩子们共同准备一场跳蚤市场活动，孩子们可以将自己用过的玩具、图书拿到幼儿园卖给幼儿园里的小朋友。

很快，跳蚤市场开始营业了，操场上热闹极了（图 3-7，图 3-8）。小朋友们准备的商品令人目不暇接，有的摊铺前面聚集着很多客人，有的顾客拿着三块钱买五块钱的东西，还有的小朋友钱花完了，又看上其他商品，想找卖东西的小朋友"以物换物"。最后小朋友们纷纷分享自己赚的钱。

"耶！我赚了 22 元。"

"我赚得比你少，只赚了 15 元。"

与之前的买卖游戏相比，幼儿变得更为成熟，可以独立完成收钱、找零。在自己的摊位顾客变少时，能够主动吆喝、招揽顾客。当赚到钱时，孩子们不仅感受到买卖成功的喜悦感，而且能够合理规划自己赚来的钱。

图 3-7

图 3-8

活动思考： 通过"在班级里玩买卖游戏"的创意想法，可以看出幼儿能够对自己的游戏提出设想，并引发富有创造力的行动。孩子们打造店铺的环境，真正参与到环境的创设中来。作为教师，我们聆听幼儿内心不同的想法，将游戏机会赋权给幼儿。幼儿能够在跳蚤市场活动中认识真实的钱币。孩子们不仅买东西，还希望同伴来光顾自己的生意，感受成为摊主的自豪感。当东西卖出后，数着自己赚的钱，孩子们在感受辛苦付出有所收获的同时，获得成就感。

阶段分析与思考

幼儿获得的新经验与成果展示	1. 开展跳蚤市场活动，感受成为摊主的自豪感。 2. 在生活中花钱，运用数学知识解决实际生活中的问题。
教师支持指导策略和活动形式	支持幼儿的想法，通过家园共育让幼儿在生活中练习使用钱币。

活动总结与反思

儿童视角下幼小衔接与微主题课程融合的思考。结合大班入学指导要点，本学期开展微主题活动"探秘钱币"，通过体验式学习帮助幼儿减缓幼小衔接坡度，科学地做好幼小衔接准备。下面我想分享基于儿童视角开展幼小衔接微主题活动的实践与思考。

识别儿童需要，捕捉课程生长点。从开始认识生活中各式各样的人民币，到之后联系生活将人民币运用到超市购物体验中，活动不仅与幼小衔接学习准备相结合，而且能够丰富幼儿的经验，体验独立购物，树立正确的消费观。作为教师，我们注重观察、倾听孩子的交流分享，从孩子们交谈、行动中分析判断，捕捉课程生长点。例如，孩子们购物体验后，非常想在班级玩买卖游戏，我们为孩子们创设班级店铺。

支持深度学习，寻找课程后生长的契机。在班级买卖游戏诞生后，教师并没有急于推进班级课程，而是默默等待孩子们在游戏中的互动。孩子们都想当售货员，这个新问题的产生不断推动幼儿进行深入探究。教师引导幼儿主动学习，进一步寻找课程新的生长点，即开展一场跳蚤市场活动，进一步推动幼儿深度学习与发展。

1. 活动目标的达成度与内容的适宜性。

随着活动的深入，幼儿在实践操作中运用数学知识解决实际生活中的问题，能够在情境中进行加减法运算，在跳蚤市场买卖中感受成为摊主的自豪感。通过同伴的评价实现对自我的认可。

2. 亮点与不足。

在课程开展中能够基于幼儿发展，倾听幼儿声音，依托生活资源，让幼儿在生活中实际使用钱币。可以看出幼小衔接与课程相辅相成，运用体验式的学习，关注幼儿经验建构，助推幼儿入学准备能力的提升。

但是在课程发展中还需要关注教师支持的多元化，即除了借助家园共育形式、生活社会资源等，还可以怎样推动幼儿深入学习。

二、忙忙碌碌小镇

教师：赵思晴

活动缘起

孩子们近期对《忙忙碌碌镇》绘本非常感兴趣，很喜欢在过渡环节和图书区游戏时拿起绘本聊起来。

昕宸："这个是我最喜欢的警察，这里面有好多职业。"

子铭："我爸爸是厨师，和他的工作一样。"

小果子："我妈妈在银行工作，这里面有吗？"

从孩子们言语中，我们发现他们对职业有着浓厚的兴趣。孩子们在认识了解职业后感受到劳动者的辛苦付出，也会联系生活中爸爸妈妈的职业。为了让每位孩子心中埋下一颗"职业"的种子，一场以"职业"为主题的活动就此拉开了序幕。

活动发展目标

1. 认识各种各样的职业，感受不同劳动者对社会的贡献。

2. 愿意并能专注听他人表达自己的观点，尝试运用不同的策略说服他人接受自己对忙忙碌碌小镇的想法。

3. 能够与同伴合作解决游戏活动中遇到的问题，感受职业体验游戏的快乐。

4. 能够与同伴共同合作建立忙忙碌碌小镇，尝试与同伴制定游戏规则。

活动思维导图

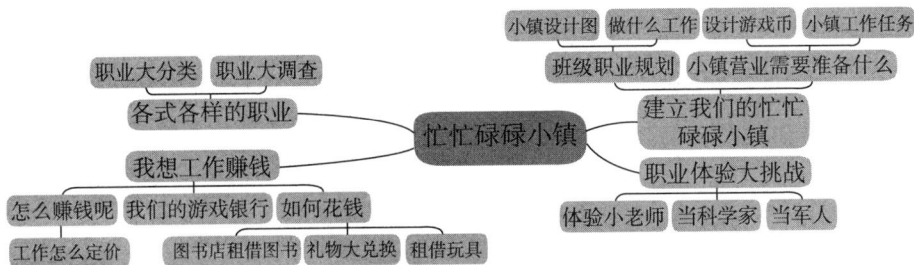

活动过程

第一阶段：兴趣萌发，形成探究问题

活动：爸爸妈妈的职业

孩子们很喜欢看书中的职业，在书中找不同职业的时候，孩子们会说道："我爸爸是医生，可是我不知道他每天要做什么。"孩子们开始联系自己爸爸妈妈的职业内容。

承烨："我爸爸是律师。"

昊宸："我知道我妈妈是公务员，不知道爸爸的职业，就知道每天要坐在电脑前。"

宇辕："这里怎么没有我妈妈的职业呢?"

爸爸妈妈的职业引发了孩子们一系列讨论，于是孩子们决定化身小记者，利用调查问卷的形式了解爸爸妈妈的职业及工作内容。采访过后，孩子们进行分享交流（图3-9，图3-10）。在分享交流中，孩子们进一步了解了爸爸妈妈

图3-9

图3-10

的工作内容,感受爸爸妈妈工作的辛苦,丰富了对各式各样职业的认识,也进一步激发了对职业更多的探索欲望。

阶段分析与思考

幼儿感兴趣的话题	幼儿发现书中出现很多职业。
幼儿的表现与想要探究的问题	1. 爸爸妈妈的职业是什么? 2. 书中的职业都需要做什么? 3. 想体验自己喜欢的职业。
教师支持策略	1. 围绕爸爸妈妈的工作展开讨论,通过家园共育调查爸爸妈妈的职业。 2. 借助视频资料了解相关职业的工作内容。 3. 围绕幼儿想体验的职业展开讨论。
可利用的资源	1. 绘本资源:《忙忙碌碌镇》;与职业相关的绘本故事、动画片,如《认识各式各样的职业》。 2. 家庭资源:借助家长资源,支持幼儿了解生活中更多的职业。 3. 环境资源:借助幼儿园环境资源体验职业。

　　作为教师,倾听并尊重孩子们不同的声音及想法,充分调动家长资源,提供调查问卷支持孩子们采访爸爸妈妈的职业,搜集大量视频资料带领幼儿认识各式各样的职业劳动者,从而进一步感受不同劳动者对社会的贡献。《指南》强调,教师要给予幼儿直接感知操作、亲身体验的机会,鼓励孩子们自己在实践中探索更多职业的秘密,因此教师给予孩子们充足的时间调查职业,表达自己的想法。小记者采访的活动既引发了家长对课程的关注,又促使孩子们在分享的过程产生新问题:生活中还有哪些职业呢?

第二阶段:深入探究,亲历解决问题

活动一:我的职业梦想

　　孩子们对职业的兴趣愈来愈浓厚,通过观看大量的职业视频、查找资料,孩子们了解了更多职业,例如,律师帮助我们解决矛盾,不同的老师有不同的工作内容,火车司机每天有固定的工作流程……随着对更多职业的认识,孩子们开始纷纷畅想自己未来的职业想法。

　　妹妹:"我想当医生,让每个人都健康。"

　　昊宸:"我长大要当老师,教小朋友学本领。"

承烨："我最想当工程师，建造最厉害的房子。"

墩墩："我好想现在就当科学家，研究很多新发明。"

孩子们在一言一语中不仅萌发出对未来职业的期待，还有想现在体验职业的愿望，于是我们准备追随孩子们的想法，满足孩子们的愿望。接下来，新问题又来了：幼儿园里可以体验哪些职业呢？

> **活动思考**：在探索职业的秘密中，当孩子们发现还有很多不知道的职业时，我们为孩子们提供大量的视频，拓宽视野，同时给予幼儿直接感知操作、亲身体验的机会，鼓励孩子们在实践中探索更多职业的秘密，从而在心中种下职业梦想的种子。

活动二：改造区角，建立班级的忙忙碌碌小镇

教师基于幼儿的兴趣和原有经验，组织幼儿针对问题"我们可以在哪里进行职业体验呢"利用儿童会议的时间展开讨论。孩子们围绕这个问题发表自己的想法。

梦霖："我想让建筑区变成工地。"

六六："建个科学实验室，可以在这发明新实验。"

牛牛："在美工区开个服装店，我来设计好看的饰品。"

从聊天中可以看出，孩子们非常想把幼儿园的不同区域打造成不同的小镇店铺，于是班级中掀起改造区角的创意想法，孩子们纷纷行动起来。

作为教师，我们不仅是倾听者，给予幼儿足够的空间，倾听每个孩子真实的想法，而且是观察记录者，记录孩子们各式各样的创意想法（图 3 - 11，图 3 - 12）。

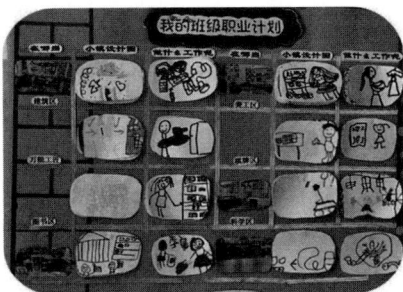

图 3 - 11

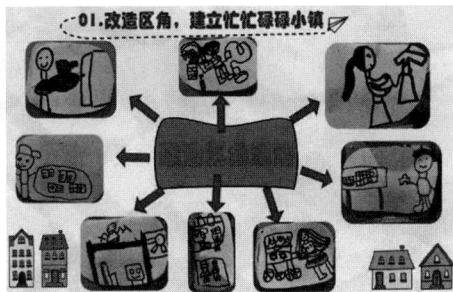

图 3 - 12

在各式各样的改造区角的想法涌出时，孩子们发现班里一个区域只能开一个店铺，于是我们围绕"怎么设计我们的店铺更合理呢？"与孩子进行了一次

头脑风暴，孩子们借助已有区角的游戏内容及游戏材料，进行对比、分析，最终投票确定每个区域最合理的布置划分。为了让每个孩子清楚我们的店铺，孩子们绘制了属于我们大一班的忙忙碌碌小镇，还给每个店铺起了最有创意的名字（图3-13，图3-14）。

图3-13

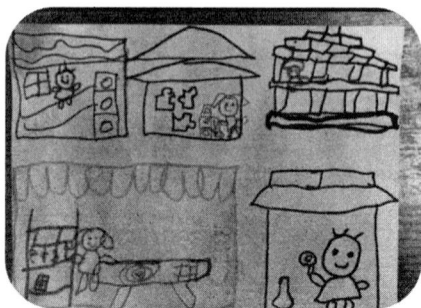

图3-14

忙忙碌碌小镇准备营业了，孩子们兴致勃勃地筹备着。我和孩子们围绕"在忙忙碌碌小镇工作，还需要准备什么呢?"开始了一次热烈的讨论，孩子们结合生活经验大胆提出自己的问题及想法。

霖曦："我觉得工作需要穿工作服，我爸爸当工程师就要戴黄色的安全帽。"

宛宛："有的没有工作服，是挂工作牌，大家也可以知道。"

浩霖："要提前做好工作计划，准备好工作的材料。"

孩子们开始准备工作服装及材料，自主合理制订了每个店铺的工作任务计划单。

> **活动思考**：幼儿对自己的游戏空间提出设想，并付诸富有创造力的行动。过程中，孩子们亲身打造每个区角的环境，通过自主设计、合理规划打造出不同店铺的样子，在改造店铺后，孩子们更加明确自己体验的职业。设计店铺环境、筹备工作材料、制订每天的工作任务让孩子们的职业体验更加情景化。教师利用马赛克儿童地图方法、儿童会议等多种方式引导幼儿尝试积极倾听他人建议，同时促进同伴交流，合作互助解决问题。

活动三：忙忙碌碌小镇营业了

孩子们打造的忙忙碌碌小镇营业一周之后，孩子们不再满足于职业体验，也大胆提出自己的新问题："爸爸妈妈平时工作都赚钱，我们也想赚钱，怎么办？"孩子们结合爸爸妈妈工作赚钱的前期经验，大胆提出自己想赚钱的想法，并在商议中确定为其取名为"万能币"，还在班级建立了自助银行（图3-15）。

自助银行的建立使孩子们能够自主取万能币。孩子们每次工作完，都迫不及待地到自助银行取万能币。在取万能币的过程中，孩子们又产生了新的问题："我想赚的比其他小朋友更多，怎么办？""我们每次工作完，取多少万能币呢？"这个问题引发了孩子们热烈的讨论。

承烨："要看工作量多不多。"

宇辕："按照工作任务完成工作内容就可以得到万能币。"

泽宇："帮助同伴解决问题也应该给1个万能币。"

孩子们分组根据工作内容、工作状态及解决问题的能力等制定赚游戏币的价格单，帮助幼儿知道自己每天在工作中可以赚多少钱（图3-16）。

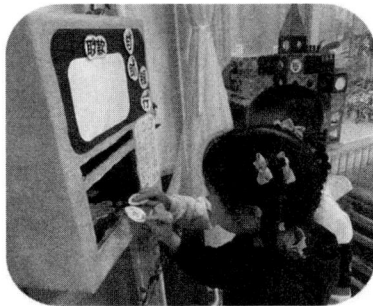

图3-15

图3-16

活动思考：忙忙碌碌小镇营业后，孩子们通过职业体验游戏发现问题，再尝试解决遇到的问题，如自发尝试解决没有钱的问题，设计出万能币，共同制订赚万能币的规则。幼儿在工作中开动脑筋，能够有规划地赚取更多的万能币。随着忙忙碌碌小镇游戏的深入，越来越多的小朋友参与其中，并且用自己的方式记录着各自的发现，我们也常常听到小朋友自发地讨论自己在小镇里的趣事及问题。

活动四：如何花钱？

孩子们每天都在店铺里赚万能币，每个孩子的钱包里都有鼓鼓的万能币。于是孩子们提出新的问题：万能币有什么用？于是在儿童会议时间，孩子们开动脑筋，联系生活经验，想到很多可以花万能币的地方。

六六："我们可以用万能币在图书区借书回家。"

泽宇："饰品店里有很多饰品，我们可以去买。"

宛宛："周五我们可以用万能币兑换礼物。"

孩子们将自己的奇思妙想用到班级的每个店铺中。此时光工作赚钱已经不能够满足幼儿的需要，为了延续在忙忙碌碌小镇可以花钱的兴趣与愿望，孩子们结合生活经验，探索不同的花钱方式，丰富关于买卖游戏的认知经验，在多种游戏中积累了有益的直接经验和感性认识。更加有趣的买卖游戏也在小镇中开始了（图 3 - 17，图 3 - 18）……

图 3 - 17

图 3 - 18

活动思考： 在忙忙碌碌小镇游戏深入的过程中，孩子们遇到各式各样的问题，在游戏中不断解决问题。幼儿自主创造游戏空间，创设可以花钱的地方，在职业体验游戏中主动探究。在买卖游戏加入之后，幼儿不仅理解了生活和消费的关系，体验真实买卖活动中付钱的过程，而且积累了丰富的数学经验，为幼小衔接做好充分准备。作为教师，我们借助环境资源，放手将环境、游戏赋权给孩子们。孩子们比之前更加专注认真地游戏，每天都会按照计划工作。

阶段分析与思考

幼儿深入探究的表现（探索与发现）	1. 萌发在班级体验职业的愿望。
	2. 想和书里一样建立忙忙碌碌小镇。
	3. 忙忙碌碌小镇可以建在哪儿？做什么工作？
	4. 想和爸爸妈妈一样工作赚钱。
	5. 赚的钱可以做什么？
	6. 如何花钱？

（续）

教师支持指导策略和活动形式	1. 借助班级环境资源，支持幼儿体验职业的愿望，建立自己的忙忙碌碌小镇。 2. 利用儿童会议收集每个幼儿的想法，利用儿童地图创建区域游戏中的店铺。 3. 支持幼儿设计班级游戏币，创设班级银行。深入探讨问题：工作任务是什么，每次工作赚多少钱？ 4. 借助区域游戏打造可以花钱的店铺，店铺之间开展买卖游戏。

第三阶段：多元表达，展示交流成果

活动：工作成果展示

随着忙忙碌碌小镇职业体验游戏的深入，孩子们每天都在不同店铺里认真完成自己的工作任务。从中，孩子们收获了大大的成就感、满足感和自信心。

孩子们不局限于将自己的作品成果展示出来，更希望与同伴之间进行分享，让更多人看到自己精美的作品，于是我们一起设计了大一班饰品展。孩子们分工合作，有的布置场地，有的当小小解说员介绍我们制作的饰品。孩子们还作为小老师，教弟弟妹妹制作饰品，感受成为哥哥姐姐的自豪感（图3-19，图3-20）。

图3-19

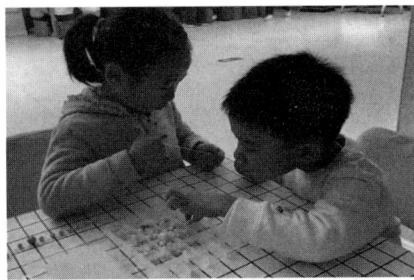

图3-20

在职业体验游戏中，孩子们不仅热衷于在忙忙碌碌小镇的买卖游戏，还希望通过同伴的评价得到对自我的认可，获得成功感和成就感。

阶段分析与思考

幼儿获得的新经验与成果展示	1. 通过持续性的职业体验工作，最终每个店铺形成自己的工作成果展示，如饰品展、军事展、科学展。 2. 担任小小解说员和弟弟妹妹分享自己设计制作的精美饰品，通过同伴的评价得到对自我的认可。

（续）

教师支持指导策略和活动形式	1. 为幼儿提供场地支持，开设工作成果展览。 2. 通过儿童魔毯方法，与幼儿共同回顾自己的成果。

✿ 活动总结与反思

当幼儿对职业感兴趣时，我们倾听幼儿的想法，给予幼儿更多探索的空间，从而激发幼儿对职业体验游戏的愿望。当孩子们想在区角体验职业时，教师利用儿童会议的形式再次倾听孩子们改造区角的创意想法，支持孩子们按照自己的想法去尝试。在活动开展过程中，孩子们也有了多方面的收获：在围圈时间和儿童会议中越来越乐于表达，能够用批判式的思维模式思考问题；在面对同伴质疑时从开始的沮丧、失望到渐渐地能用积极的心态看待不同的声音，这对于幼儿社会适应能力、同伴交往能力的提升也起到积极的作用，也越发善于在问题中积极思考、主动学习，以探究式的方法解决问题。

借助班级环境资源创设职业情境游戏。从成人的视角看，忙忙碌碌小镇的建立需要做很多工作，孩子们真的可以在班级实现这个愿望吗？面对重重难题，孩子们真的可以一一解决吗？如果我们能够蹲下来，从孩子的视角看一看，就会发现孩子们有兴趣、有观察、有前期经验，他们自信且充满希望。老师要做的第一件事就是学会相信孩子，支持孩子的想法，支持孩子们通过丰富的已有生活经验，不断迁移创造出新的游戏经验。更重要的是，要学会正确看待幼儿提出的想法及游戏中的问题，因为自发问题及想法的产生往往代表着幼儿渴望对活动更深一步的探索。在不断解决问题的过程中，幼儿也在进行持续性的主动学习。

1. 活动目标的达成度与内容的适宜性。

从开始对职业感兴趣，到联系生活中爸爸妈妈的职业，再到体验职业，幼儿能够有计划地建立忙忙碌碌小镇。忙忙碌碌小镇建立后，幼儿亲身体验职业，解决游戏中的问题，持续主动学习。

2. 亮点与不足。

这个活动充分借助资源多元化地开展活动，如利用家长资源引导幼儿了解更多的职业；借助改造区角环境资源，帮助幼儿实现职业体验的愿望。但是在课程开展中，教师需要思考是否倾听到每个幼儿的声音，在之后的活动中要关注幼儿个体化的想法。

三、社团游戏

教师：熊琦

活动缘起

在走进小学的系列活动中，小学生们介绍了他们正在开展的社团活动，有机器人社团、戏剧社团、花样跳绳社团、科技探索社团等。这一介绍吸引了小朋友们的兴趣和关注，大家开始热闹地讨论了起来。"机器人社团是怎么玩的？每个社团都能选吗？是大家都在一起玩吗？"社团活动对于孩子们来说是一个非常新颖的活动，孩子们想要开展社团游戏的欲望越来越强烈。

活动发展目标

1. 创设条件，使幼儿主动、友好地与他人交往，体验分享、互助、合作的快乐和意义，掌握交往的技能，能独立解决交往中的问题。

2. 学习有计划地做事情，运用记录、绘画、标注等方式梳理自己的想法。

3. 能运用数学经验和方式解决游戏中的问题。

4. 创设开放性环境，支持幼儿实践自己的想法、愿望和活动计划，使幼儿获得成功的体验，从而增强自尊自信。

活动思维导图

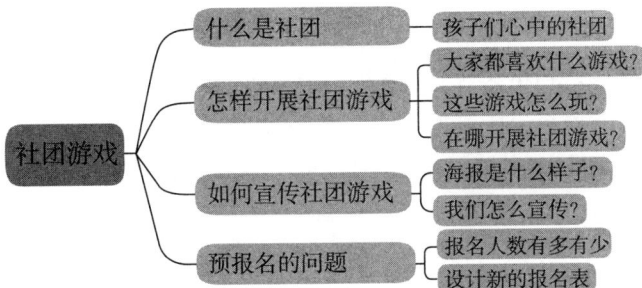

```
                  什么是社团 ──── 孩子们心中的社团

                                  大家都喜欢什么游戏？
                  怎样开展社团游戏 ─ 这些游戏怎么玩？
                                  在哪开展社团游戏？
   社团游戏
                                  海报是什么样子？
                  如何宣传社团游戏 ─ 我们怎么宣传？

                                  报名人数有多有少
                  预报名的问题 ──── 设计新的报名表
```

活动过程

第一阶段：兴趣萌发，形成探究问题

活动：什么是社团

小学生的介绍让孩子们知道了社团这种活动类型。在孩子们心中，社团

是什么样的呢？他们有哪些想法？就这个问题，我们开了儿童会议，孩子们争先恐后地表达自己的想法。有的说就像我们有很多的区域游戏一样；有的说有很多人一起玩，可能有不认识的小朋友；有的说可以选择自己喜欢的游戏内容；还有的问多米诺骨牌可以成为社团吗？大家将自己的想法用绘画的方式记录下来，一起讨论。最后孩子们提出选一些大家都喜欢的游戏成立社团。

阶段分析与思考

幼儿感兴趣的话题	1. 小学生的社团活动真丰富呀。 2. 在他们的社团活动里可以选择自己喜欢的活动。 3. 我们也可以有很多活动。
幼儿的表现与想要探究的问题	1. 怎么开展社团游戏？ 2. 大家喜欢的游戏都不一样，我们都玩吗？ 3. 如何让其他小朋友知道社团游戏？
教师支持策略	1. 借助围圈时间了解幼儿的想法。 2. 将时间、空间交予幼儿，支持幼儿通过儿童会议、绘图等方式分享想法。
可利用的资源	1. 幼儿园环境：大厅、班级、平台、操场等可活动的场地。 2. 幼儿园各班的玩具、低结构材料。

在孩子们的表达中，我们看到了儿童视角下的社团活动，看到了他们对于社团活动的兴趣与想法。大班幼儿的学习方式是合作化的共同学习，交往的年龄特点是喜欢和更多小伙伴交往，有认识新朋友的愿望。而社团活动的游戏性质是打破班级界限，有很多种类的游戏内容，能够满足大班幼儿当下的交往需求，支持幼儿与其他班的小朋友游戏，在游戏中学习多种交往方式，获取更多的想法和经验。

第二阶段：深入探究，亲历解决问题

活动：怎么开展社团游戏

根据孩子们想要开展社团游戏的愿望，我们进行围圈讨论。孩子们围绕一个话题发起谈话并积极表达自己的想法。教师在倾听中记录孩子们对于开展社团的想法。在讨论中，孩子们提出了新的问题：小朋友们都喜欢什么游戏？玩游戏需要准备什么？

（一）大家都喜欢什么游戏？

有的说："我们可以投票选出最想玩的游戏。"有的说："很多人一起玩才有意思。"有的说："可以去采访一下。"孩子们开始关注身边人的想法，有了初步收集信息的意识。通过儿童会议的方式，讨论组的小朋友就"怎么去和大二班讨论玩什么？问什么？"开展了讨论、分工。米果和思拓负责组织讨论，旁边的小朋友用简单的图画或符号进行记录（图3-21，图3-22）。

图3-21　　　　　　　　　　　　图3-22

采访组一对一采访大一班小朋友，采访后统计发现出现了数量不对的问题。孩子们开始回忆自己的采访："我问了2个小朋友。""我问了3个。"有的小朋友提出疑问："大一班今天来了多少个小朋友？"我们通过儿童魔毯的方式回放录像，证实大家的猜测（图3-23）。孩子们发现有的小朋友被重复采访过两三次，此时大家想出了新的方法：

图3-23

采访后可以送他个小贴纸，这样就能区分开了。接着孩子们展开了第二次采访，利用表格梳理出大班组小朋友喜欢的游戏种类共有14项（图3-24，图3-25）。

这么多游戏我们都玩吗？孩子们提议可以投票。怎么让小朋友们知道可以来投票了呢？于是孩子们拿着梳理好的14项内容走进大一班、大二班进行宣传。大家投票后，孩子们进行了统计活动。通过点数、记录每个游戏的投票数量，选出了票数排在前7项的游戏（图3-26，图3-27）。

图 3-24

图 3-25

图 3-26

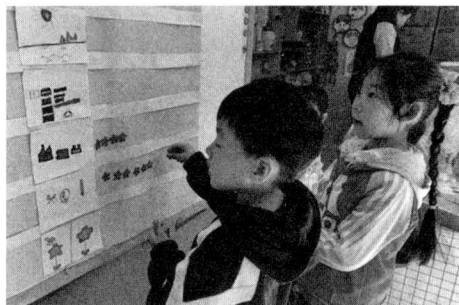

图 3-27

活动反思：在海选中，孩子们自主表达想法，以同伴的视角了解他人的想法，能够理解并尊重他人的观点。幼儿是活动的主体，在想要玩的活动中激发了主动性。通过讨论、询问、记录、绘画、投票、统计等多种方式解决在收集信息过程中发现的问题。教师利用围圈讨论和儿童魔毯等方式与幼儿进行深度对话，了解幼儿在社团活动中的想法。教师还给予幼儿空间、材料的支持，鼓励幼儿运用自己喜欢的方式去探索，提高了幼儿的表达能力。教师用儿童海报的方式记录幼儿想法，为幼儿投票提供场地支持。教师还与孩子们一起梳理海选中的游戏，形成幼儿的新经验。

（二）这些游戏怎么玩？

社团的种类已经选出来了，但对于社团游戏怎么开展，孩子们并没有整体的想法，只是想到什么就是什么。我们借助"马赛克"儿童拍照的方式让孩子们在幼儿园、班里转一转，拍一拍自己认为可以开社团的地方（图 3-28）。

有的说："小球轨道设在二楼平台，那有许多小球轨道的玩具。乐高社设在大厅，那儿的桌子多。美工社也设在大厅，因为有摆放作品的地方。百变木条社可以设在大二班，他们班有好多木条。"此时大家的想法不一样，需要有负责的小朋友。满满第一个举手说："我想当社长。"接着，更多的小朋友把手举起来。为了给孩子们搭建展示的平台，我们决定让

图 3 - 28

孩子们轮流担任临时小社长。小社长一个人忙得过来吗？小朋友们说："我们可以加入社团游戏，和小社长一起。"这样，我们的临时社团小组成立了。小社长与自己的社员开展儿童会议。大家一起商讨确定游戏的地点、内容和需要准备的东西。乐高社说："我们这有两箱乐高，里面有很多小包的，两个小朋友玩一个应该够了吧？"摄影社说："我们得准备相机、服装、道具、首饰等。"每个社团游戏边摆边讨论自己需要的材料，并用符号和图画进行简单的记录。

活动反思：成立社团后，孩子们的游戏更有目的性和计划性，但也有纷争，如大家的社团游戏都想安排在大厅，于是孩子们与同伴在讨论中碰撞想法。大家能够轮流表达，倾听他人的意见。有商量，有讨论，有思考，这让老师更加了解和认识幼儿，看到幼儿是有能力的学习者，认识到只有站在幼儿的视角支持儿童的游戏，他们才会有主动学习的空间，同时感受到微主题活动对于幼儿多元化发展的作用。

（三）社团游戏在哪玩？

游戏内容有了，社长和社员也有了。烜羽问："他们怎么知道我的社团游戏在哪儿玩？"这个问题激发了孩子们的思考。有的说："做个标牌。"有的说："可以告诉他们。"还有的说："我们把照片贴到大厅。"小杜说："可以画个地图，看着地图就能找到了。"这个方法很新颖，地图是什么样的？孩子们说公园里有地图，我们的班里有路线图，地铁里也有地图。新的活动产生了，孩子们收集了各式各样的地图来观察。在了解地图后，孩子们尝试制作社团的地图。

活动反思：孩子们在社团游戏的讨论与准备中发现了新问题。我们借助儿童拍照的方式支持孩子们观察不同的场地，确定游戏的地点和内容，

借助绘制地图的方式让其他人知道社团的位置。教师发现孩子在准备社团游戏时都是个人的想法，没有形成社团小组的想法。每个社团游戏的内容不同，孩子们如何去负责社团游戏？教师都可以提供哪些支持？例如，孩子们是否会摄影，用什么来拍，孩子们会用哪些材料？教师审议社团游戏带给孩子的发展和价值，审议孩子的原有经验和即将遇到的困难，预设如何支持孩子自己发现问题、解决问题。

阶段分析与思考

幼儿深入探究的表现（探索与发现）	1. 想要和其他班幼儿一起玩，就需要了解大家喜欢哪些游戏。 2. 在讨论中有不同的想法，自主分成采访组、讨论组，分别去了解不同班级小朋友的想法。 3. 孩子们想到用投票的方式选出最受欢迎的游戏。 4. 在确定游戏内容后，大家开始讨论：选出的游戏怎么玩？谁来组织这些游戏？在哪玩？需要哪些材料？ 5. 社团成立了，新的问题又出现了，如何让小朋友们都知道每个社团的位置？如何吸引幼儿报名参加社团游戏呢？ 6. 小朋友们一起准备海报，商量分工。
教师支持指导策略和活动形式	1. 教师通过观察幼儿的探究兴趣、探究行为来判断幼儿当前的需要和发展水平。 2. 教师通过儿童会议给予幼儿充分表达的空间，倾听幼儿的想法，支持幼儿走进其他班级，用谈论及采访的方式收集大家喜欢的游戏内容。 3. 在采访中产生新的问题，教师用儿童魔毯的方法让幼儿观看并回顾采访过程，发现问题所在，调整采访方式。 4. 针对幼儿提出的问题，教师将问题还给幼儿，鼓励幼儿思考，借助马赛克中儿童拍照的方法，支持幼儿在实地考察中选择适合的地方。 5. 借助生活资源，用生活中的宣传海报和地铁、公交、商场等路线图，不断丰富幼儿的生活经验，并迁移到社团游戏中。 6. 教师与幼儿共同运用儿童海报的方式梳理开展社团游戏的过程，将幼儿的想法用画图、符号、文字等方式进行记录。

第三阶段：多元表达，展示交流成果

活动：如何宣传社团游戏

（一）怎样设计海报？

社团成立了，怎么能让大家知道这些社团游戏呢？孩子们想了各种各样的方法。小满说："可以去班里宣传。"全全说："可以在大厅里面摆一些小桌子、小海报，让小朋友们自主去报名。"海报是什么？海报里有什么？七七说："我见过，我看表演的时候会看到海报。""你们还在哪里见过海报？"这个问题激发孩子们回忆已有经验，开始关注并收集身边的海报。第二天，思拓带来了一张有关游泳的宣传海报。孩子们发现海报上有字、有图，字的大小、颜色不同。七七带来有关钢琴演奏的海报，孩子们一看到就说："这个是钢琴表演，在海报上有个带着翅膀的钢琴，还有日期。"由此想一想，社团的海报要怎么设计？小朋友们根据游戏内容进行设计，圈出了大家的共同点，还有每个社团不同的元素，一起合作制作海报（图3-29，图3-30）。

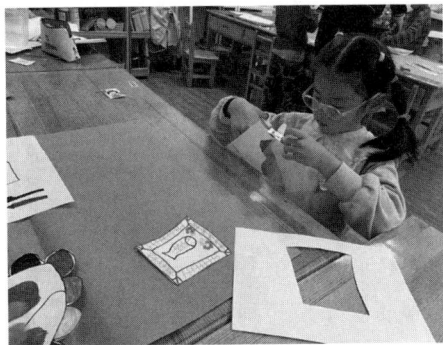

图3-29

图3-30

（二）我们怎么宣传呢？

每个社团在海报旁开始讨论：宣传时得说话吸引大家。孩子们一起梳理宣传语言，乐高社说："我们把乐高的作品给大家看。"棋牌社说："我们介绍各式各样的棋，欢迎小朋友们来挑战。"接着，每个社团开始准备，有的在大厅摆上桌子和椅子，装饰得很漂亮；有的制作报名表。最后请大一班、大二班的小朋友自主选择，想去哪个社团就把自己的名字贴在相应社团的报名表上。就这样，孩子们的预报名活动开始了（图3-31，图3-32）。

图 3 - 31　　　　　　　　　　图 3 - 32

（三）社团预报名

小朋友们报名后，几个社团在各自清点报名人数时，发现有的社团报名人数特别多，有的报名人数特别少，该怎么解决呢？

孩子们看着报名表讨论了起来。有的说："看看哪个社团人数最少，可以调整宣传方式，吸引小朋友们来报名。"有的说："可以规定时间，谁先来谁先报。"还有的说："可以规定人数。"社长表达了对人数的想法，棋牌社说："我们在班级里玩，人可以多一些。"乐高社说："我们报了 31 人，太多了。"就这样，孩子们一起根据社团的空间位置、材料、玩法等再次进行小组讨论。通过场地、材料、游戏的方式，孩子们用以物代物的方式在场地中摆一摆，确定人数。孩子们有依据地表达自己的想法："百变木条社可以报名 12 个人，我们摆四张桌子，每个桌子上放一筐玩具，可以 3 个人玩。"大家用连加的方式算出新的人数。那么报名的时候如何能让其他小朋友按人数报名呢？孩子们想到根据新设定的人数设计新的报名表（图 3 - 33，图 3 - 34）。最后，小朋友们开展了正式报名的活动。

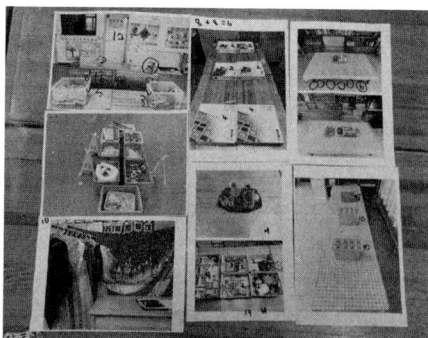

图 3 - 33　　　　　　　　　　图 3 - 34

阶段分析与思考

幼儿获得的新经验与成果展示	1. 社团游戏让幼儿成为活动的主人,他们会主动思考,发现问题并运用不同的方法解决问题。 2. 幼儿在活动中提高了语言表达能力和与他人的交往能力,能主动询问、关心、考虑他人的想法。 3. 开始关注生活中的事物,寻找身边的海报,了解海报的内容与作用。学习看平面图,了解平面设计中需要的符号并尝试绘制社团的路线图。 4. 运用数学知识解决游戏中的分配问题、人数安排问题等。 5. 孩子们在社团游戏中结交了新的朋友,收获了合作游戏的快乐。
教师支持指导策略和活动形式	1. 教师支持幼儿开展社团游戏预报名的活动。在前期与幼儿共同寻找能容纳很多人的地方,准备了多个画架、桌子等供幼儿摆放自己的海报和报名表。 2. 鼓励幼儿大胆运用多种方式吸引小朋友来报名社团游戏,与家长沟通,在家长的帮助下准备自己想表达的语言。 3. 提供充分的空间、时间、场地,支持幼儿完成报名会。 4. 在发现报名人数有问题时,支持幼儿反思为什么有的社团人多,有的社团人特别少。 5. 社团游戏正式开启了,教师捕捉幼儿游戏的瞬间,关注幼儿在游戏中的成长与收获。

活动总结与反思

整个社团游戏活动体现了以幼儿为主体的理念。微主题活动强调以学定教,幼儿是学习的主体。孩子们通过会观察、会提问、会发现、会操作、会表达开展自主学习、探究。教师通过观察幼儿的探究兴趣、探究行为来判断幼儿当前的需要和发展水平,进而推动活动。社团游戏是幼儿发起的活动,也是他们想要开展的活动。在整个微主题活动中,教师始终是支持者、追随者。孩子们在讨论时,教师记录大家的想法;孩子们在分享时,教师退到后面和小朋友们一起倾听。充分赋权幼儿,尊重幼儿的想法。在活动中,孩子们自己定游戏内容、游戏材料、游戏方式。社团游戏的活动带动幼儿主动思考、主动表达、主动制作、主动游戏。幼儿收获了主动学习的多种方式,思考的多种途径,解决问题的多种办法,丰富了生活经验。孩子们更爱表达,更爱展现自我,获得了自信与成长。

四、小水壶里藏着的"数学"

教师：张明月

活动缘起

大班第二学期，为了让孩子们更好地适应小学自主饮水，班级开展了小水壶体验活动。早晨，孩子们兴高采烈地把水壶拿到幼儿园。各种各样的水壶瞬间吸引了孩子们的兴趣。婉瑜拿着手中的水壶说："我带小水壶来啦！你们看我的水壶上面有爱莎的图案。"六六也打开了小话匣："你们看我的水壶上面是奥特曼的图案，而且比你的高，肯定装的水也比你的多。"旁边的仲文说道："我们可以把水壶放在一起比一比，就知道谁的装水最多了。"远远不服气地说："不能这么比，我的水壶还比你们的胖，没准儿是我的水壶装水多（图3-35）。"周围的小朋友也说："我的水壶这么大，肯定装水最多。"究竟谁的水壶装的水最多？这个问题引发了孩子们激烈的讨论。

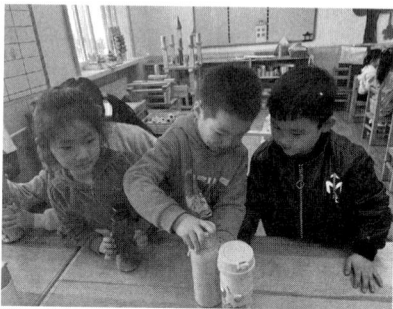

图 3-35

活动中，我们倾听孩子的对话，发现他们对小水壶有非常高的兴趣。作为教师，要保护孩子的好奇心和主动性，支持他们充分地观察与发现，在观察对比中描述水壶的大小、高矮、胖瘦等特点，促使孩子在不断探究中运用数学知识解决生活中真问题，在实践中感知水壶的容量，合理规划一日喝水的时间和饮水量。为了培养孩子良好的生活习惯，为幼小衔接做好准备，我们开展了小水壶里藏着的"数学"微主题活动。

活动发展目标

1. 了解身体一日所需饮水量，能够根据自己的需要喝水，养成良好的饮水习惯。

2. 能够合理规划一日喝水的时间和饮水量，进行自我管理。

3. 能够发现生活中的问题，用多种方式探究并寻找解决方法。

4. 在探究活动中能够与同伴友好合作与交流。

5. 在直接感知、亲身体验、实际操作中进行科学学习，解决生活中的实际问题。

6. 养成良好的生活习惯，具有基本的生活自理能力，为幼小衔接做好准备。

活动思维导图

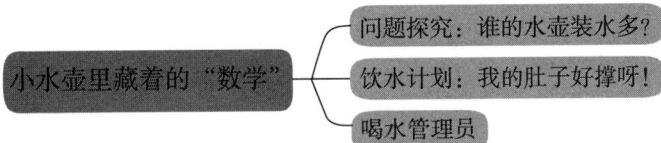

小水壶里藏着的"数学"
- 问题探究：谁的水壶装水多？
- 饮水计划：我的肚子好撑呀！
- 喝水管理员

活动过程

第一阶段：兴趣萌发，形成探究问题

活动：谁的水壶装水多？

"谁的水壶装水多"的问题令很多小朋友都感兴趣，于是大家讨论起来，有的小朋友甚至结成小组开始探索和尝试。

在讨论中，佳佳分享说："妈妈说我的水壶上面写的是 550 毫升。"说着拿起自己的水壶，找到水壶底部几个小小的数字。其他的小朋友也纷纷仔细寻找水壶上的标志，源源从水壶里面发现了数字 350。嘉嘉把两个水壶放到一起说："你们看，我的 550 毫升比源源的 350 毫升水壶大好多呢，那就是谁的数字大装的水就多。"央央和大霖也从水壶里面找到了刻度，对比了起来："咱们两个的水壶差不多一边高一边胖，容量也是一样的（图 3 - 36，图 3 - 37）。"还有小朋友想到除了看，还可以把水倒出来实际比一比，就知道谁的水壶装水多了。由来从美工区的废品回收箱中找到一个大杯子，把水壶中的水倒进大杯

图 3 - 36

图 3 - 37

子中和大家说:"你们也可以试试,看看比我的多还是少。"大家实验后发现,翔翔和画画的水位是最高且一样的,也就是小水壶里水最多。

阶段分析与思考

幼儿感兴趣的话题	谁的水壶装水多?
幼儿的表现与想要探究的问题	1. 通过观察对比,想要探究谁的水壶装水多的问题。 2. 用观察水壶的特征和把水倒出来比较的方法,初步感知水壶的容量,以及量的差异和守恒。
教师支持策略	1. 关注幼儿对水壶容量的兴趣,创设宽松自主的空间,鼓励幼儿分组用不同的方式主动探究。 2. 在话题讨论中引导幼儿关注水壶的特征,梳理归纳他们的发现,帮助幼儿建立数字与外形的联系。 3. 充分支持孩子的探究行为,将不同容量水壶中的水倒进固定的水杯,在实际操作中感知量的比较和守恒。
可利用的资源	1. 家长资源:带水壶来幼儿园。 2. 课程资源:借助幼小衔接,开展自主喝水活动。 3. 环境资源:创设自主喝水的环境。

游戏中,孩子们运用多种方法多感官感知比较物体的量,在直接感知、亲身体验、实际操作的过程中感受和体验,将毫升数与水壶外形建立联系,毫升数大的水壶外形也相对大,初步感知水壶的容量及量的差异和守恒。教师以实际问题为导向激发幼儿主动参与探索,用数学经验解决生活中的实际问题。

第二阶段:深入探究,亲历解决问题

活动:我的肚子好撑呀!

在使用了一段时间小水壶后,我们发现有的孩子觉得用水壶喝水很好玩,然后就不停地喝水,也有小朋友发现已经过了半天的时间,还有人的水壶里有很多水,被发现的小朋友急忙辩解:"我也不知道应该喝多少。"这时"到底应该喝多少水?"成了大家困扰的问题。

于是孩子们邀请保健老师来班级中和大家进行分享,了解到原来每天我们要喝8杯水,每次大概200ml,由于早晚在家都会喝水,在幼儿园里只需要喝6杯水。可是200ml有多少呢,这又引发了孩子们的思考。央央想到:"之前我看杯子上面的刻度就是 200ml，正好是一杯。"大霖说："我们之前用的小水杯应该就是正好的，把水壶里的水倒进杯子里不就知道喝几杯了嘛。"六六走到科学区说："咱们班里有做实验的量杯，用量杯量量也能知道。"孩子们想到不同解决问题的方法并且分组尝试，在实践操作中解决"每次喝多少水"的问题（图 3 - 38）。

图 3 - 38

解决了饮水量的问题后，孩子们又提出"要什么时间喝水"的问题。我们进行了围圈讨论，大家纷纷表达自己的想法。源源说："我们可以什么时候渴了就去喝水。"元宝想到："运动之后也要补充水分。"翔翔着急地举手说："就像我们之前一样，玩完活动区、学完本领后都要喝水。我们要多喝水才能不生病。"六六："我们可以看看门口贴的一日生活时间表，就能知道什么时间喝水了。"孩子们根据作息表上的时间制订了自己的饮水计划表，合理规划一日生活中喝水的时间和饮水量。

🚗 阶段分析与思考

幼儿深入探究的表现（探索与发现）	探究一日要喝多少水，了解一日生活时间安排，合理规划喝水的时间及饮水量，制订饮水计划表。
教师支持指导策略和活动形式	1. 关注幼儿喝水问题，邀请保健老师给予专业的支持，鼓励幼儿运用多种方式共同解决问题。 2. 开展围圈讨论，建构对话式师幼关系，在讨论中感知一日生活时间，结合自身需求合理制定饮水计划，养成按需主动饮水的生活习惯。

第三阶段：多元表达，展示交流成果

活动：我是喝水管理员

通过活动，孩子们在不断发现问题、持续探究中学会了合理规划时间，养成了主动饮水的好习惯。一天过渡环节时，孩子们讨论着对其他班级小朋友喝水情况的担心："大一班和大三班的小朋友会不会和我们之前一样不知道一天喝多少水？还有中班的弟弟妹妹会不会喝的水太少了？"发现孩子们的担心后，我们又一次召开班级会议。通过讨论，孩子们决定要当幼儿园的喝水管理员，他们分组到各个班级中宣传喝水对身体的好处，介绍他们制订的主动喝水计划表。担心中班的弟弟妹妹记不住，每天到班级中提醒他们喝足够的水，帮助幼儿园其他班的小朋友养成自主饮水、规律生活的好习惯。

阶段分析与思考

幼儿获得的新经验与成果展示	孩子们学会合理规划时间，养成了主动饮水的好习惯，还成为幼儿园的喝水管理员，帮助幼儿园其他的小朋友养成良好的生活习惯。
教师支持指导策略和活动形式	充分给予孩子空间，相信他们的能力，支持孩子服务他人的想法，激发他们内心的自主意识，成为幼儿园的小主人，锻炼同伴交往能力。

活动总结与反思

在活动过程中，我们一次又一次进行思考，鼓励幼儿分享自己的发现和观点，通过真问题引发幼儿下一步的主动探索，支持幼儿用数学知识解决日常生活中的问题。

1. 数学教育契机在我们身边随处可见，教师要有教育意识。

当孩子讨论小水壶的话题时，我们把握住这个非常好的教育契机，为幼儿创设宽松自然的环境，让幼儿充分地表达，引发他们进一步观察、发现水壶中的问题，激发幼儿主动探索的兴趣。

2. 发现幼儿的兴趣后，教师要及时提供丰富的数学游戏材料。

发现教育契机后，我们思考、审议活动的价值，明确活动的方向与目标。在活动中支持幼儿多次进行实验游戏，如用眼睛观察水壶大小比较容量、倒出来比一比水位，感知量的差异和守恒等，为孩子提供自主测量的水壶、量杯、小水杯等。还支持幼儿制订计划，提供大量丰富的材料，支持他们在操作中形成新的数学经验，解决生活中的实际问题。

3. 尊重幼儿身心发展规律和特点，顺应幼儿的学习方式，激发学习兴趣。

教师要保护幼儿的好奇心和主动性，激发幼儿探索的欲望，接纳、鼓励幼儿对新事物的观察、提问等探究行为，尊重幼儿的学习方式。我们并不只是通过活动帮助孩子了解谁的水杯盛水多少的问题，更重要的是培养孩子养成主动饮水的好习惯，关注幼儿的学习过程，发展数学思维能力。

生活中处处存在着数学，教师要抓住日常生活中的契机引导幼儿通过直接感知、亲身体验和实际操作进行学习。还要善于发现和保护孩子的好奇心，充分利用各种机会，引导孩子发现问题、分析问题和解决问题。正如《幼儿园入学准备教育指导要点》中提到的，我们要引导幼儿尝试用数学的方法解决日常生活中的问题，帮助幼儿不断积累经验，并将其运用于新的学习活动，养成善于探索的学习习惯，体验运用数学方法解决问题的乐趣，最终形成受益终身的学习态度和能力，为未来美好的小学生活打下科学而坚实的基础。

五、西游剧场

教师：张明月

活动缘起

元旦即将到来，知道爸爸妈妈要来参加新年活动，孩子们商量着把《西游记》表演给自己的家人。可是孩子们没有表演经验，《西游记》中这么多好听的故事，要演什么引发了孩子们不同的想法。

天天："我想演《三借芭蕉扇》，里面的孙悟空不止本领厉害还很聪明，用妙计骗了牛魔王和铁扇公主。"

何胤之："可以演《石猴出世》，咱们班的人都可以演花果山里的小猴子。"

小满："《大战红孩儿》这个故事很有意思，里面的主角也是一个小孩，和我们一样。"

通过讨论，孩子们发现虽然每个故事都很有意思，但有的故事角色太少并不适合表演，于是孩子们结合角色数量，投票选出适合合作演出的《大战红孩儿》《三打白骨精》《三借芭蕉扇》三个故事。于是，一场妙趣横生的主题活动"西游剧场"就在班级中开始了。

活动发展目标

1. 喜欢参与表演游戏，能够自主协商分配角色。

2. 能够运用语言、动作和表情表现出人物的不同性格特征，大胆表现自己，尝试创造性地表演。

3. 能够根据游戏的推进，发现问题、解决问题。

4. 初步根据游戏的情况进行客观评价，并针对相应的问题提出下一次游戏的改进方案，能够看到他人优势并接纳合理建议。

5.活动中能与同伴分工合作，遇到困难一起解决。

6.了解《西游记》中人物的性格，感受故事的曲折有趣，传承优秀的传统文化。

活动思维导图

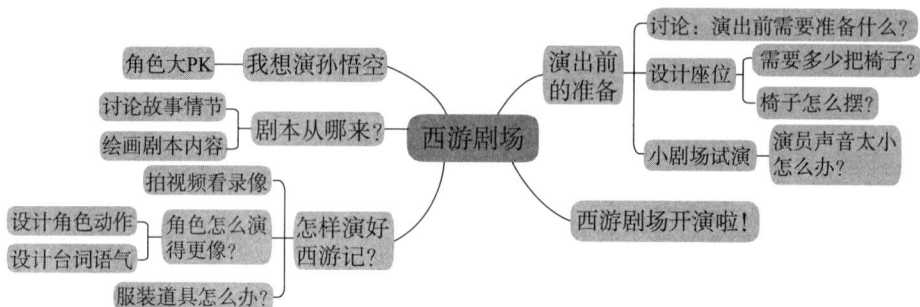

活动过程

第一阶段：兴趣萌发，形成探究问题

活动一：我想演孙悟空

演员招募啦！孩子们早早地为报名演员做好了准备，每位孩子上台后都直奔自己想演的角色，在旁边贴上自己的名字（图3-39，图3-40）。可是孩子们发现，有的角色很多人想演，比如猪八戒、孙悟空和仙女，这可怎么办呢？让我们用"演技"来说话吧！于是一场角色PK赛在孩子们的提议下应运而生。

图 3-39

图 3-40

上森自信地走上小舞台说："我想表演孙悟空，孙悟空的性格活泼好动，我的性格也很活泼。"说完还做出猴子调皮的动作，逗得大家哈哈大笑（图3-41）。

知行："孙悟空的词多，我的记忆力好能都记住。"

小满转着金箍棒走上台说："我也想竞选孙悟空的角色，我会转金箍棒（图3-42）。"

有的小朋友动作惟妙惟肖，有的台词精准生动，观看的小观众们难以抉择。经过激烈的角逐，最终通过观众投票确定孙悟空的演员是上森。没有选上的知行经过短暂的伤心后，赶快又选择了第二喜欢的角色"唐僧"。最终每个孩子都获得了自己的角色。

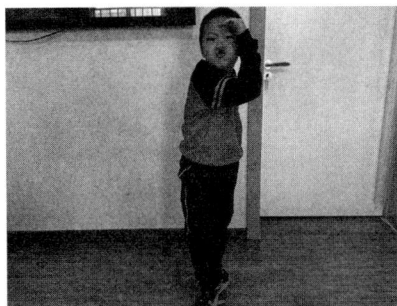

图3-41

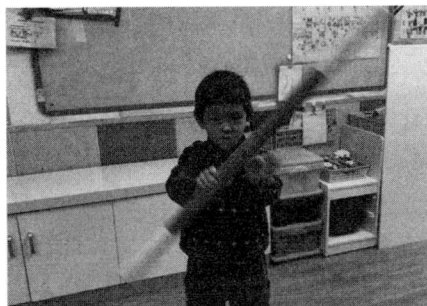

图3-42

活动思考：作为教师，要为孩子创设展示自我的平台，提供公平竞选角色的机会。在竞选过程中，每个孩子用心准备，用动作或是语言诠释自己对角色的理解。在这个过程中，孩子不仅获得了自信心，而且获得了同伴的认可。孩子们根据自己的特长勇敢竞选，没有竞选上也不气馁，能够调整自己的计划，快速转换调节自己的情绪，筹备新角色的竞选。

活动二：剧本从哪来？

确定小演员后，孩子们根据不同的故事分组进行表演，大家对故事的内容已经很熟悉，根据自己的记忆说着台词。可表演时，孩子们发现凭记忆说的台词一会儿一变，有的小朋友记忆的情节也不一样，这怎么办呢？围绕这一问题，孩子们开始讨论。柏良说："我们需要固定下台词，不能总是变。"

游游说："没错，我妈妈就是导演，她告诉我，每个小演员都有剧本。"

游游的话引起了小朋友新的讨论："可是我们没有剧本啊。"

佳妍说："我们可以画属于自己的剧本啊。"佳妍的建议得到了大家的认可。

时一韦："白骨精特别坏，看孙悟空不在身边，就变成小姑娘、老婆婆、老爷爷的样子骗唐僧。"

小米："唐僧还好坏不分，想把孙悟空赶走。"

上森："唐僧差点就被吃了，幸好孙悟空及时赶回来。"

孩子们之间的对话已经形成了故事的主线：师徒四人到达白虎岭，白骨精变身骗唐僧，唐僧赶走孙悟空……把孩子们讨论的有趣情节串起来不就是他们自己的剧本了吗？表达的方式有很多，有的孩子用绘画的形式将剧本画了出来，就这样，独一无二的剧本产生了（图3-43）。

图3-43

活动思考：教师倾听孩子的声音，从他们的一言一语中看到他们对故事内容非常了解。于是跟随孩子的兴趣，鼓励孩子创编属于自己的剧本。幼儿创编的剧本可能不是成人眼里完美的，但却是真正属于幼儿自己的剧本。在创作剧本的过程中，我们充分激发和保护孩子的好奇心和兴趣，倾听幼儿对话，重构故事情节，创编独特剧本。这也让幼儿收获了积极主动、认真专注、乐于想象和创造等良好的学习品质。

阶段分析与思考

幼儿感兴趣的话题	想要表演《西游记》
幼儿的表现与想要探究的问题	1. 确定表演剧目后不知道怎样表演，想要结合绘本创编剧本。 2. 当小朋友想演同一个角色时，大家想到竞选的方式，用自己的方式表现对角色的理解，公平竞选角色。

（续）

教师支持策略	1. 开展针对故事情节的谈话活动，并用符号简单记录情节，引导幼儿发现将故事串联在一起就是剧本内容，鼓励幼儿用自己的方式创编记录剧本。 2. 创设展示自我的平台，支持幼儿用多种方式诠释角色，用投票的方式公平竞选角色。
可利用的资源	1. 家长资源：与家长共同了解《西游记》中的主要人物和故事情节。 2. 绘本资源：投放《西游记》绘本故事。 3. 环境资源：可供幼儿表演的物质环境。

作为教师，我们倾听孩子的想法，了解他们的需求，创设自主宽松的环境，提供解决问题的平台。以孩子对《西游记》表演的兴趣和发现的问题作为推动活动的内驱力，在竞选角色和设计剧本中充分地探索、表达、创造，更加深入地了解《西游记》中的人物和故事。教师在活动中给予幼儿充足的材料与时间，进行适当的引导，把问题留给幼儿，让他们体验自主学习的乐趣，促进幼儿的深度学习。

第二阶段：深入探究，亲历解决问题

活动一：怎么能演得更好?

在一次又一次的排练过程中，孩子们想"已经练了这么长时间了，怎样知道我们到底演得怎么样呢?"于是我们用录像的方法将表演记录了下来，在排练后，小演员们观看视频，回顾排练的场景，并纷纷提出自己的想法。

森森："何胤之台词说得太快了，我都没听清楚，猪八戒的性格是懒洋洋的，说话也应该是慢慢地，他演得一点也不像。"

盈科："小演员要表演出动作才更像，要不然我都看不出来是什么角色。"

小满："我之前看表演，演员都有服装和道具，穿上衣服就更形象了。"

小语："对，每个角色都要有武器。"

柏良："是呀，我以前看的木偶剧还有音乐，比如说孙悟空和妖精打斗的时候，可以加上兵器碰撞的声音。"

在倾听孩子谈话的过程中，我将问题记录下来，和孩子们共同讨论解决问题的方法。比如，针对怎么演更形象这个问题，森森说："一定要记住自己的台词。"小米想到："每个人的角色都是不一样的，说话的声音也不一样。就像我演的沙和尚，他是一个任劳任怨的人，总是拿着行李，说话的声音应该是很粗的。"说完压下自己的声音说了一句沙和尚的台词。三宝说："这也太像了。我演的是老爷爷，我爷爷说话的时候声音哑，说得又慢，有时候还咳嗽。"说完学着老爷爷弯着腰走路的动作，手扶着后背边走边说："老太婆、女儿，你们在哪里呀?"三宝生动形象的表演让大家连连夸奖，大家发现不止说台词要有语气，还要做出符合角色的动作。于是每个小朋友都为自己的角色设计了专属的语气和动作。

为了让表演更加精彩，孩子还在家和爸爸妈妈一起找适合自己角色的音效，发给老师后，大家一起选择最适合的音乐和背景。服装和道具也一直是孩子非常关注的，孩子们在美工区制作简单的武器和披风，还有的小朋友从家里带来现成的道具，教师也为孩子提供服装的支持。

> **活动思考**：当孩子提出"怎么能演得更好"时，作为教师，我没有急于站在成人的视角，说出自己的想法。而是和孩子们借助马赛克方法中魔毯的方式，让孩子在录像中发现问题，一起去解决问题。在自我觉察和同伴的建议下，主动思考用什么样的动作和语气才能演得更形象。就这样，在一次又一次的排练中发现问题，不断调整，我们演得越来越精彩了。在材料准备的过程中，充分借用家长资源，和孩子一起准备音乐、道具等，在筹备过程中也在进一步感受故事。在这个过程中，我们赋权给孩子，孩子是活动的主人，有活动的决策权。

活动二：演出需要准备什么?

一个月的探索让孩子们沉浸在《西游记》的世界中，终于到了要演出的时候了，他们都非常期待。"演出还需要做哪些准备呢?"孩子们针对这个问题展开了集体讨论。

小语说："我之前看过木偶剧，表演需要很大的舞台，还有背景、道具和音乐。"

卓越说："在幼儿园里，我们一起看过木偶剧，有舞台，还有要有观众的座位，班里地方太小了，咱们可以在大厅表演。"

庞雅："我在电影院门口看到过很多宣传海报，告诉其他人这个电影有多好看，我们也可以画宣传海报。"

小米："我们可以制作一些演出票，爸爸妈妈可以根据号码找到自己的位置。"

孩子们根据讨论自愿分成了演出前的准备小组，有宣传组、制票组、检票员、引导员组和场地布置组。有了想法，孩子们便付诸行动，分头忙碌起来。

（一）设计座位

场地布置小组在摆放椅子时遇到了难题——要摆放多少把椅子？他们通过调查了解到当天会有30位小朋友参加活动。所以需要准备30把椅子。接着又出现了新的问题——30把椅子要怎么摆放呢？我们通过一次集体教育活动，请班级中感兴趣的小朋友帮忙想办法，借助区域中的玩具尝试不同排练组合的方式。潇潇想到把30椅子摆成一排，这样每个家长都能看得很清楚。柏良想要把椅子摆成5排，每排6座，还有的小朋友摆成7排，每排4座，发现还剩2个，还有摆成3排，每排10座的方法（图3-44，图3-45）。在集体讨论中，大家认为摆成一排的方式虽然能让大家都看见，但是大厅一排摆不下这么多椅子。如果摆放5排，后边的家长会看不到。在激烈的讨论中，大家认为既要保证每排椅子能够摆得下，又要保证后面的家长可以看得清楚，一致认为摆放3排，每排10座的方法最好。也有小朋友质疑大厅每排能摆得下10个椅子吗？这时我们认可孩子的问题和想法，支持他们拿着椅子到大厅真实地摆一摆、试一试，在摆放过程中发现这样的方式是最合适的。座位设计好后，孩子们还结合生活中看电影的经验为每一个座位设计号码牌，运用不同颜色与数字相结合的方式将座位区分开，便于观众找到自己的座位。

图3-44

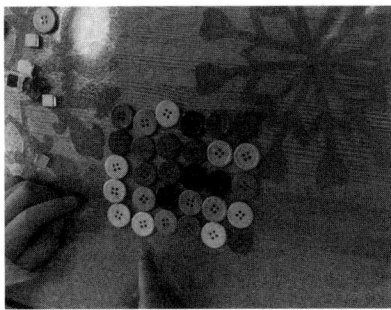

图3-45

活动思考：在孩子们遇到设计座位的问题时，老师没有急于直接告诉孩子答案，而是支持孩子自己想办法，借助班级玩具不断尝试不同排列组合的方式，以及"排"与"座"之间的相对关系，将抽象的数学概念运用到设计座位中，解决生活中的问题，培养幼儿独立思考的能力和逻辑思维能力。在设计座位号码时，教师鼓励幼儿扮演家长去找座位，感受方法的可行性，在不断尝试中解决问题。

（二）小剧场试演

一切准备就绪后，孩子们首先想到邀请幼儿园的小朋友来看一看。他们将制作好的演出票送给大一班的小朋友，站在入口处为大家检票，还有引导员将小朋友引领到座位上。第一次试演开始了，演员们自信地走上舞台演绎着自己的角色，生动形象的动作和台词引得观众们有时哈哈大笑，有时连连鼓掌。

演出结束后，孩子们请观众说一说自己的感受，提出宝贵的建议。有的说："你们演得很精彩，动作夸张，太好玩了。"有的说："演员都穿着不同的表演服，拿着武器和道具，非常形象。"还有的提出建议："有的演员声音太小了，听不见说了什么。"针对这个问题，小朋友想到了很多解决办法，有大声说、用话筒、提前录音等。通过讨论发现，有的小朋友说话声音比较小，观众欢呼、鼓掌时很难听见演员的声音，幼儿园里也没有那么多话筒，最终决定用提前录音的方式解决这个问题。

活动思考：孩子们在初次表演中收获了观众们的鼓励、表扬和建议。在真实的表演中发现问题，和同伴一起预设各种解决问题的方法。每位小朋友都在表达着自己的想法，在不断讨论中确定最适合的方案。

阶段分析与思考

幼儿深入探究的表现（探索与发现）	1. 在排练过程中运用魔毯方式，通过观看录像发现问题并不断进行调整，为每个角色设计动作和台词的语气，深入了解人物特点。 2. 幼儿根据生活中看电影、话剧的经验了解不同的工作人员及需要做的事情，成立工作小组深入探索筹备活动。
教师支持指导策略和活动形式	1. 引导幼儿运用马赛克中儿童摄影和魔毯等方式观看录像，在自我觉察和同伴的建议下主动发现问题、解决问题。 2. 关注幼儿兴趣，开展谈话活动。

教师充分保护孩子的好奇心和探究兴趣，相信孩子是积极主动且有能力的学习者，支持孩子主动探究和学习。在出现"怎么能演得更好？"和"演出需要准备什么？"等具体问题时，支持孩子们主动解决，通过小组或集体的形式讨论，鼓励孩子大胆表达自己的观点，提出问题、分析解决问题，丰富幼儿在日常生活和游戏中的经验。在整个学习过程中，通过切实体验、深度思考等方式，孩子们在语言、思维、表达、表演能力等方面都得到了提升。

第三阶段：多元表达，展示交流成果

活动：演出开始啦

终于到了演出这一天，孩子们非常期待，一大早便来到了幼儿园，有序地穿好服装，准备好要用的道具，说台词对剧本，大家都在为期待已久的演出做着最后的准备。多功能厅也与往常不同，孩子们早已把观众席、舞台、海报等准备就绪。在多功能厅的入口处还有两个忙碌的小身影，他们既是演员又是检票员，还有引导员将观众引领到座位上。随着观众陆续入场就座，精彩的表演拉开了帷幕。孙悟空、猪八戒、唐僧、沙僧、红孩儿等角色一一亮相，他们动作逼真，站位准确，反应灵敏，再配上音乐和背景，整个表演非常具有感染力，赢得了台下观众的阵阵掌声（图3-46，图3-47）。

> **活动思考：**孩子们在舞台上勇敢自信地表现收获了满满的自信和成就感，感受表演带来的快乐。在活动中，家长们感受到了孩子的成长。坐在观众席中的家长不仅仅是观众，还是戏剧活动中的重要参与者。他们给幼儿的故事出谋划策，和幼儿一起练习台词。当家长们坐在观众席中观看孩子们表演的时候，心情非常激动和喜悦。在表演后，家长们纷纷表达了想法，给予孩子们表扬和鼓励。

图3-46

图3-47

🚗 阶段分析与思考

幼儿获得的新经验与成果展示	幼儿以剧场演出的形式进行成果展示，在表现自我、展示才华的舞台上收获了满满的自信和成就感；观众给予小演员们表扬和鼓励，让孩子们感受到被认可。
教师支持指导策略和活动形式	邀请家长参与活动，支持幼儿用集体表演的方式展示成果，鼓励家园双向互动，孩子与家长表达对于活动的感受与思考。

✿ 活动总结与反思

1. 借助经典名著中幼儿喜欢的故事促进幼儿主动学习。

这次西游剧场的活动尝试以合作表演的形式促进幼儿主动学习。我们关注幼儿的兴趣与经验，发现幼儿对于《西游记》中的人物、情节有强烈的好奇心和兴趣。前期，孩子们通过阅读、分享故事等方法积累丰富的已有经验。当发现孩子们有表演《西游记》的愿望时，教师鼓励他们调查、畅谈，投票推选剧目，自主创编剧本，排演，设计场地等。教师放手赋权，让幼儿在一个个真实的游戏情境中发现问题、解决问题，积极探索和多元表征，真正成为游戏的主人，最终有效地在表演活动中主动学习。

2. 相信幼儿是积极、主动、有能力的学习者，让幼儿成为活动主人。

西游剧场主题来源于孩子的兴趣。但是，活动过程显然没有想象的那么顺利，各种问题贯穿于游戏的每一个环节，孩子们总是处在"发现问题—寻找原因—尝试解决问题—又出现新问题"的循环过程中。伴随游戏进程，我们惊喜地发现，他们乐于主动发现问题、积极调动原有经验思考问题背后的原因，预设可能的解决策略，坚持不懈地尝试，直至问题成功解决。在课程探索中，孩子们习得了合作、协商、交流等能力。因此，只要给幼儿足够的时间和空间，他们就会迸发出巨大的能量。

六、我们的姓名

教师：王紫璠

✿ 活动缘起

升入大班后，孩子们喜欢用自己的名字来参加班级中的活动，例如在签到、早来园打卡等记录活动中（图3-48，图3-49），都会写上自己的姓名，也总能够听到孩子们的讨论："咦，你姓王，我也姓王，我们两个的姓是一样的。""我们班到底有多少个不一样的姓呢？""你的名字是什么意思呀？"

在孩子们对于姓名的热烈讨论中，我看到了孩子们强烈的探究兴趣。《指南》中指出，教师要善于发现幼儿感兴趣的事物、游戏和偶发事件中的教育价值，把握时机，积极引导。在发现幼儿对周围人的姓名感兴趣时，教师要抓住教育契机，充分尊重和保护孩子们的好奇心和学习兴趣。大班幼儿对文字符号感兴趣，知道文字表示一定的意义，且即将升入小学，将要面临认字和书写的问题，家长也对幼儿的认字情况有焦虑情绪，希望能够培养幼儿对于文字符号的兴趣。姓名正是幼儿生活中的文字，教师要抓住本次教育契机，激发幼儿的兴趣，进行科学的幼小衔接工作。通过倾听幼儿的想法，可以看出幼儿对于姓氏已经有了一定的了解，能够认出同伴们相同的姓氏，认识伙伴们的名字，但是对于姓氏没有深入的了解。所以教师要引导幼儿体会文字符号的用途，让幼儿在写写画画的过程中体验文字符号的功能，培养书写兴趣，于是一场围绕姓名的讨论拉开了序幕。

图 3-48　　　　　　　　　　　　图 3-49

✿ 活动发展目标

1. 通过姓氏调查，感受姓氏作为中国人维系血缘的传承性，初步了解姓氏的起源，知道姓氏具有传承的意义，感受中国姓氏文化的博大精深。

2. 在成人的帮助下能够制定简单的姓名调查计划表，并用文字符号等方式进行记录。

3. 通过对名字的探秘，体会父母长辈对自己深深的爱和美好祝福。

4. 了解姓名文字的意义，萌发对文字符号的兴趣，初步了解汉字的音、形、义，为科学幼小衔接奠定基础。

5. 对感兴趣的问题能够刨根问底，愿意用科学的思维发现问题、解决问题。

6. 能够借助多种工具材料大胆创作表征自己的个性名片。

✤ 活动思维导图

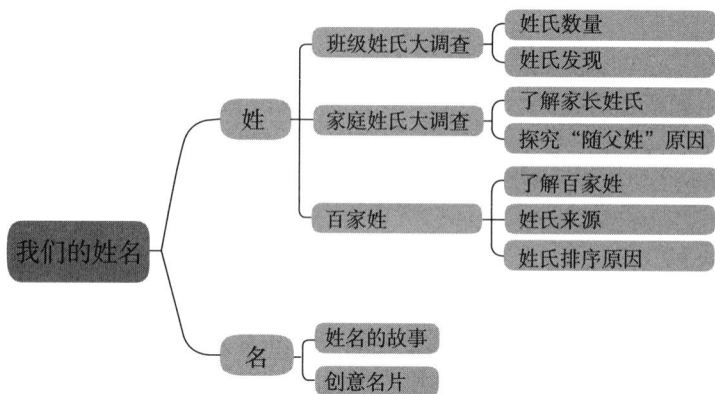

```
                                                        ┌─ 姓氏数量
                                        班级姓氏大调查 ─┤
                                                        └─ 姓氏发现
                                                        ┌─ 了解家长姓氏
                            姓 ─────── 家庭姓氏大调查 ─┤
                                                        └─ 探究"随父姓"原因
                                                        ┌─ 了解百家姓
    我们的姓名 ─┤           百家姓 ───────────────────┤─ 姓氏来源
                                                        └─ 姓氏排序原因

                            名 ─────── 姓名的故事
                                        创意名片
```

✤ 活动过程

第一阶段：兴趣萌发，形成探究问题

活动：班级姓氏大调查

为了了解孩子们对于姓氏的前期经验，我们在围圈时间进行了一系列讨论。

"姓就是我们名字的第一个字。"

"我们大多数小朋友都是和爸爸一个姓，但是我不知道为什么。"

"我知道有一本书叫《百家姓》，里边有很多个姓。"

"我们班有很多小朋友姓王。"

很多小朋友都发表了自己对姓氏的了解，随之也产生了很多的疑问，大家都想知道"我们班到底有多少个姓?"为了调查出结果，小朋友们都在积极动脑筋思考，最终想到了两个办法：一个是数班级人员名单，孩子们在名单上将同样姓的名字用同一种颜色的笔圈出来，再数相同颜色姓名的数量进行记录（图 3-50，图 3-51）；另一个是请同姓的人站起来，大家直接数人数进行记录。接着孩子们根据自己的想法分成了两组，通过讨论设计出了自己小组的调查记录表，并进行了调查。

孩子们在如火如荼的调查后，发现班级里一共有 24 个姓，姓王的人数最多，一共有 7 人，姓刘的人数排第二，一共有 3 人（图 3-52，图 3-53）。

图 3－50

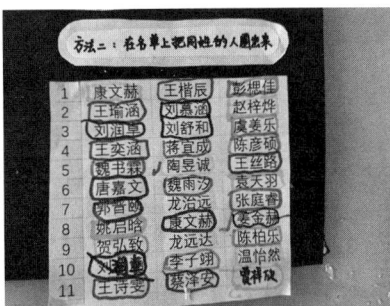

图 3－51

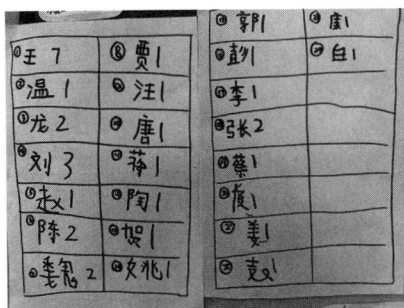

图 3－52

图 3－53

阶段分析与思考

幼儿感兴趣的话题	我们班到底有多少个姓呢？
幼儿的表现与想要探究的问题	幼儿对自己和其他小朋友的姓名非常感兴趣，想知道班里到底有多少个姓。
教师支持策略	1. 开展以姓名为主题的围圈大讨论。 2. 收集幼儿的问题，制作成问题墙。 3. 投放和姓名相关的绘本。
可利用的资源	1. 家庭资源：家长支持幼儿探索姓名、家庭的姓氏特点，让幼儿发现姓氏的传承性。 2. 绘本资源：投放关于姓氏的绘本，如《我们的姓氏》《一棵姓曹的树》。 3. 社会资源：周围人的姓氏与名字引发幼儿了解中华姓名文化的博大精深。

《指南》指出，应在生活情境中引导幼儿自然而然地产生对文字的兴趣，和幼儿一起寻找问题的答案。支持幼儿与同伴合作探究分享交流，引导他们在交流中尝试梳理、概括自己探究的成果，体验合作探究和发现的乐趣。幼儿通过讨论确定想要了解班级姓氏的多少，并在讨论后想出了好办法，与同伴一起合作进行探究并记录，锻炼了合作调查的能力，提高了解决问题的能力，积累了统计经验。

第二阶段：深入探究，亲历解决问题

活动一：家庭姓氏大调查

了解完班级的姓氏后，孩子们又产生了新的问题。涵涵说："我的妈妈姓石，是咱们班小朋友都没有的姓。"苗苗说："我妈妈姓边，你们没听说过这个姓吧。"糖宝问："我的妈妈姓熊，你们的妈妈姓什么呢？"孩子们的兴趣由小朋友的姓氏转向了家庭成员的姓氏。硕硕说："我只知道我爸爸妈妈爷爷奶奶的姓，但是不知道我姥姥姥爷的姓。"很多小朋友也都摇头表示不知道。于是孩子们准备回家进行调查。卓卓问："我的家里人很多，如果问完之后忘记了怎么办呢？而且小朋友也不知道那个姓到底长什么样子。"小树提议道："那我们做个调查表吧，这样小朋友都能看到。"但是调查表里边到底应该有什么呢？孩子们又表达了自己的想法。在讨论过后，孩子们确定调查表里应该包含家庭成员一栏，后面是姓氏一栏。教师根据幼儿的想法将表格制作了出来。幼儿拿到家中一边询问家庭成员一边进行记录，然后将调查结果拿到班级中和小朋友进行了分享。

通过分享，孩子们认识了很多不一样的姓，将这些姓都记录了下来（图3-54，图3-55）。同时也发现了一个问题：为什么小朋友大多都跟爸爸一个姓？我们到底有多少个姓呢？面对孩子们的问题，教师并没有马上给出答案，而是把探究问题的机会留给了幼儿。幼儿在查找资料后与大家分享自己的发现：原来在母系氏族社会时，我们都是和妈妈一个姓，后来到了父系氏族社会时，又转变为和爸爸一个姓。在现代社会，出于几千年的习惯，大多数人跟随爸爸姓，不过随爸爸姓或者随妈妈姓都是可以的。在《婚姻法》第二十二条中就规定，子女可以随父姓，也可以随母姓。

幼儿通过调查家庭成员的姓氏发现，大部分的小朋友都是和爸爸一个姓，感受到了姓氏的传承性。姓氏不仅是家族的血缘纽带，更是一种文化传承，让幼儿感受到了自己与家族之间的联系，以及中华姓氏文化的博大精深。

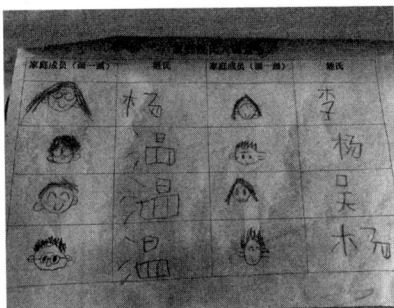

图 3 - 54

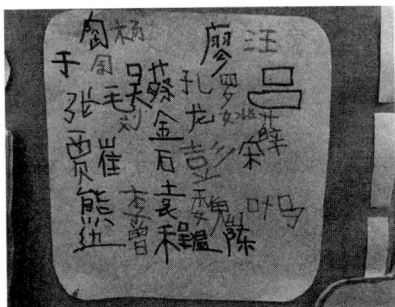

图 3 - 55

活动思考：《纲要》中明确指出"幼儿园应与家庭、社区密切合作，综合利用多种教育资源，共同为幼儿的发展创造良好的条件。"家庭环境中隐藏着丰富鲜活的姓氏文化，能够让幼儿发现姓氏和血缘的关系，了解我们中华姓氏文化的传承性，所以教师充分利用家庭资源，在前期将幼儿对于姓氏的了解、班级姓氏的调查过程和结果制作成了视频发送到了班级群中，引发家长的关注并获得家长的参与与支持。

活动二：百家姓

在探索完家庭成员的姓氏之后，睿睿发出了感慨："原来我们周围就有这么多的姓，好多姓我都没有听说过。"卓卓继续问："那到底还有哪些姓，我们国家一共有多少姓呢？"苗苗说："我知道有一本书叫《百家姓》，里面记录了很多个姓。"在讨论过后，新的问题也随之而来："百家姓是有 100 个姓吗？""为什么赵排在第一个，王却排在第八个呢？"于是，老师和小朋友一起展开了学习和调查。通过调查，我们知道《百家姓》成文于北宋初期，发展到现在，里边一共有 504 个姓。姓氏的顺序是按照当时各家族姓氏的影响力进行排序的。苗苗说："我知道了，因为当时的皇帝姓赵，皇帝最大，所以赵才排在第一呀。"卓卓接着说："那姓钱、孙、李的人在当时一定也很厉害，才能排在前边。"

幼儿通过阅读有关姓氏的绘本《我们的姓氏》发现姓氏有着不同的来源。诚诚说："我姓陶，因为以前的人烧陶器，所以就姓陶。"苗苗说："我的姚是因为以前有一段时间女人比较尊贵，所以是女字旁的。"然然说："我姓温原来是因为以前的封地名呀。"通过阅读绘本，孩子们还对于一些比较形象的姓氏有很深的印象，比如"张"姓来源于黄帝的第五个儿子挥，他发明了弓箭，被任命为弓正，弓正又叫弓长，两个字合在一起就是"张"，于是他的后代以"张"为姓。就这样，每个小朋友都在探索的过程中知道了自己姓氏的来源。

活动思考：姓氏是传统文化中生命力最旺、凝聚力最强、感召力最大的人文情节，也是中国人维系血缘的纽带。在对于百家姓的探索中，教师也有很多不了解的地方，和幼儿一起查资料学习，不光能够和幼儿一起探索，也丰富了自己的知识，拉近了师幼之间的距离。

阶段分析与思考

幼儿深入探究的表现（探索与发现）	1. 设计调查表，调查家人的姓氏并进行分享，发现姓氏的传承性。 2. 了解百家姓，知道姓氏排序的原因，探索自己姓氏的来源。
教师支持指导策略和活动形式	1. 为幼儿提供宽松的环境，让幼儿通过讨论发散思维，共同制定调查表。 2. 引导家长充分进行家园合作，为幼儿的探究提供支持。 3. 提供绘本和多媒体，鼓励幼儿自主查找资料。 4. 为幼儿搭建分享的平台，让幼儿通过互相分享增加对姓氏的认知。

在探索姓氏的过程中，教师一直顺应幼儿的问题链生成课程内容，从一开始"班级小朋友一共有多少个姓"到"家长们都姓什么"再到"我们的名字都是什么意思"，这些都是孩子们在探索的过程中生发出的问题。教师面对这些问题，及时给予幼儿支持，鼓励幼儿进行调查，增强了幼儿的探究能力。在调查之前，幼儿需要自己设计调查表，但是没有设计表格的经验，于是教师引导幼儿参考幼儿园中使用的表格，如区域计划表和签到表。孩子们通过迁移自己的原有经验确定了表格里要有家庭成员的名字一栏和姓氏一栏，确定内容过后自主设计表格，最后通过讨论选出了最适合的一个。在活动后，孩子们都能面对感兴趣的问题刨根问底，愿意用科学的思维发现问题并解决问题，收获了良好的学习品质，并且对姓氏文化有了更深的了解。

第三阶段：多元表达，展示交流成果

活动：名字的故事

在了解了姓氏背后蕴含的故事后，孩子们又对自己名字背后的故事产生了兴趣。苗苗跟小朋友说："我名字中启涵的意思是爸爸妈妈希望我能够开启一个美好的生活。"文赫说:"我爸爸给我取这个名字是想让我的性格温和。"小哈说:"我不知道我为什么叫宜成,我爸爸妈妈没告诉过我。"伴随着大家对自己名字的疑惑,老师和幼儿一起制作了一个调查表,幼儿通过回家询问爸爸妈妈,将自己名字的故事用多种方式记录下来(图3-56),并将调查结果带回来与大家进行分享。

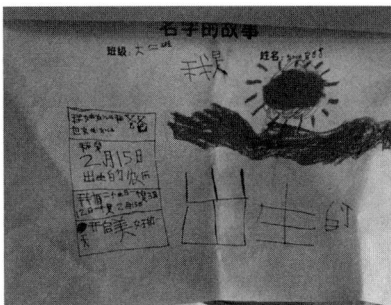

图3-56

梓欣说:"我的名字是爸爸妈妈希望我像梓树一样长得高高的,快快乐乐地成长。"

远达说:"我的名字是爸爸妈妈希望我志存高远,心有豁达。"

就这样,每个小朋友都了解了自己名字背后的故事,知道自己的名字不仅仅是一个符号,还充满了家长美好的祝福与寄托。这也激发了孩子书写自己名字的欲望,以前有的孩子会觉得写自己的名字很困难,产生过一些畏难情绪,但是在了解了自己名字背后的故事后,孩子们不光在自己创作的每个作品后写自己的名字,还对名字进行了各种各样的装饰,表达自己对名字的珍视及对父母的感谢。然后,孩子们又开始制作创意个性名片。

🚗 阶段分析与思考

幼儿获得的新经验与成果展示	1. 知道了中国姓氏文化的博大精深,了解了自己姓氏的来源以及姓氏在家庭中的传承性。 2. 知道了很多周围人的姓氏,并尝试用美术创作的方式进行拼摆、制作、展示。 3. 知道自己名字背后的美好寓意,能够为自己设计创意名片。
教师支持指导策略和活动形式	1. 引导幼儿尝试书写自己和身边人的姓氏,并能用多种材料和形式进行创作展示。 2. 制作和梳理自己家庭姓氏的树形图,直观感受血缘的传承性。 3. 鼓励幼儿设计自己的创意名片,进行展示和分享。

✿ 活动总结与反思

"我们的姓名"微主题活动是在幼儿兴趣的基础上进行的,"名字墙"引发了孩子们一系列思考，对姓名的探索在孩子们的讨论之中孕育而生。与此同时，教师在尊重幼儿的兴趣选择之前要把握好尺度，不能盲目地追求自主性，要对幼儿的选择进行学习价值分析和判断，找出可以深入学习的教育契机。通过前期的课程审议，我们得出姓氏是中华民族的传统文化，开展该主题活动能帮助孩子了解历史，增强幼儿的民族归属感。在课程目标上，应着眼于儿童发展；在课程内容上，应满足儿童的兴趣和需要；在课程实施中，为儿童创设情境；在课程评价中，注重过程和多元性。

在整个微主题活动的开展过程中，给我最大的感触就是微主题贴近生活且具有挑战性，更能够促进幼儿元认知的积累和迁移。只有贴近生活、具有挑战性的微主题活动才能一直焕发活力，促进幼儿的深度学习。在本次微主题活动中，教师的任务不是简单追随和放任幼儿的兴趣，而是要分析他们感兴趣的事物中所包含的学习机会，把握好其中可能遇到的问题和需要努力的方向，使幼儿的活动复杂化，最终让幼儿在活动中深入思考、有效学习，从一点向多元发展。

我们以名字作为出发点，通过观察、调查分享、交流讨论、创意设计等方式，鼓励幼儿自主探索自己姓氏和名字的来历，满足了幼儿的好奇心和求知欲，让幼儿体验了和同伴合作的乐趣，锻炼了探究能力。接下来，教师还可以拓宽资源渠道和途径，与幼儿一起展开调研，让幼儿更有参与感。关于名字的故事还在继续，幼儿已经将兴趣点转移到文字上，后续可以支持幼儿开展与文字、象形字、写信相关的活动。教师要做的是及时支持和捕捉幼儿的兴趣，共同开展探索之旅。

七、小鸡出壳记

教师：李斯

✿ 活动缘起

在一天餐前的围圈分享时间，一位小朋友和大家分享了自己新养的五只小鸡宝宝，这个话题一下引发了孩子们的热议。

"哇，小鸡毛茸茸的好可爱呀。"

"我也想要一只自己的小鸡。"

"小鸡是从哪里来的呢？"

"当然是孵出来的呀。"

幼儿科学学习的核心就是激发探究兴趣，体验探究过程，发展探究能力，形成受益终身的学习态度和能力。因此我悄悄加入孩子的讨论中，倾听孩子们的真实兴趣和需求。在讨论中，孩子们对孵小鸡产生了好奇和兴趣。听着孩子们热火朝天的讨论，我及时分析捕捉其中的教育价值和契机。

✿ 活动发展目标

1. 围绕自己感兴趣的话题进行讨论，大胆地与同伴交流自己的感受与发现。

2. 能够通过观察、比较、分析，发现蛋宝宝生长过程的前后变化。

3. 感受到生命的奇妙，感悟生命的珍贵，能够热爱、尊重和保护每一个生命。

4. 能够持续关注小鸡的出壳情况。

✿ 活动思维导图

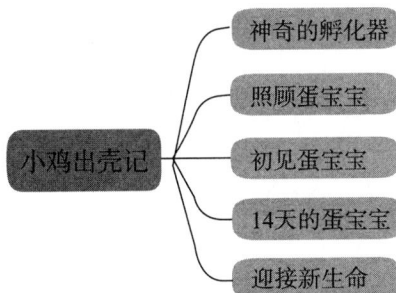

小鸡出壳记
- 神奇的孵化器
- 照顾蛋宝宝
- 初见蛋宝宝
- 14天的蛋宝宝
- 迎接新生命

✿ 活动过程

第一阶段：兴趣萌发，形成探究问题

活动：神奇的孵蛋器

随着孩子们对孵小鸡的兴趣，问题也来了，"没有小鸡小鸭的爸爸妈妈，怎么孵出小动物呢？"此时我将问题抛给孩子们。带着问题，小朋友们在和家人一起搜集资料时，找到了解决问题的神器——孵蛋器。为了支持孩子们进一步探索，班级投放了孵蛋器和种蛋。孩子们刚看到孵蛋器，便对它产生了好奇（图3-57）。

"这个齿轮的管子是干吗用的？"

"这上面怎么还有风扇？难道小鸡也怕热？"

带着猜想，我们一起按照说明书的步骤图安装运行了机器。

"哇！风扇真的可以转起来。"

"这个管子好像烧烤的机器，不过滚得很慢。"

我拿起说明书解释道，风扇是来运输新鲜空气的，齿轮的架子是帮助鸡蛋翻身用的。"这个孵蛋器真的能孵出小鸡吗？"面对问题，孩子们有着不同的想法。我们尊重孩子的想法，希望能够通过时间来帮助他们验证自己的猜想。

孩子们一起认领了自己的蛋宝宝，并做好标记，小心翼翼把蛋放在孵蛋器上，开始期待小鸡宝宝的到来（图 3 - 58）。

图 3 - 57

图 3 - 58

阶段分析与思考

幼儿感兴趣的话题	1. 想在幼儿园养小鸡。 2. 如何孵化小鸡？
幼儿的表现与想要探究的问题	积极参与孵化小鸡的围圈讨论，借助生活经验寻找能够孵化的方法。
教师支持策略	1. 借助围圈讨论的方式，给予幼儿大胆表达想法的平台。 2. 鼓励幼儿通过多种途径查找资料来解决遇到的问题，并在分享的过程中增强幼儿的任务意识与自信心。 3. 材料支持：投放孵蛋器。
可利用的资源	1. 家庭资源：丰富幼儿认知，面对不懂的问题能够通过多种方式查询资料，来解答心中的疑问。 2. 绘本资源：通过精读绘本《孵不出来的小鸡》，感受孵化生命的不易，掌握照顾小鸡的方法。同时在图书区投放《鸡的大百科》《鸡蛋如何变成小鸡》等绘本，支持幼儿在有疑问时查找资料。

活动思考：基于小朋友们想要孵化小鸡的愿望及对如何孵化产生的疑问，教师鼓励孩子通过查找资料的方式来寻找问题的答案。在小朋友们提出可以使用孵蛋器来孵化小鸡后，老师及时在班级投放了相应的材料，使孩子们通过观察了解孵蛋器的各项功能，了解适宜蛋宝宝的生存环境（恒温、湿度、通风），为接下来的活动做好铺垫。

第二阶段：深入探究，亲历解决问题

活动一：照顾蛋宝宝

孩子们每天都会观察、照顾蛋宝宝。与此同时，我们还一起阅读了绘本《孵不出来的小鸡》，感受孵化小鸡这一过程的不易，同时了解照顾蛋宝宝的适宜方法。

但过两天就是五一假期了，孩子们提出了自己的担忧："假期里没人给孵化器加水怎么办呀？""要是孵化器报警了也没有人听见呀。"

有些小朋友主动提出想把孵化器带回家照顾，但是班里的其他小朋友也非常关注蛋宝宝的变化，于是我们决定开展护蛋宝贝线上直播活动。假期里，大家约定好时间准时上线，负责照顾的小朋友详细地介绍这几天蛋宝宝的变化，其他幼儿你一言我一语地交流着自己的想法。这样不仅增强了幼儿的责任心，而且促使幼儿能够持续关注一件事，养成主动探究学习的良好习惯。

五一假期结束后就迎来了母亲节，在与蛋宝宝的朝夕相处中，孩子们想到鸡妈妈也要过节，现在自己就是蛋宝宝的爸爸和妈妈，在交流中萌发出想和蛋宝宝一起生活的想法。带着蛋宝宝的生活会是什么样子呢？每个小朋友认领了一颗鸡蛋，带着它一起玩游戏，一起洗手喝水等（图3-59）。

活动结束后，孩子们迫不及待地交流起来。

"真是太紧张啦，我的蛋差点就掉到地上了。"

"我做事情的速度都变慢了，老是小心翼翼的。"

在实际操作中，幼儿亲身感受到蛋壳的易碎特性，增强了责任心，也体会到家长的不易与辛苦。

图3-59

> **活动思考**：面临即将五一休假的现实情况，我们将问题抛给孩子，鼓励幼儿经过讨论解决实际问题。虽然孵蛋器被个别幼儿认领走，但我们的活动并未止步于此，而是关注到大部分孩子的兴趣，借助网络媒体的方式，让两名幼儿在班级微信群中进行分享。这既增强了实际照顾蛋宝宝的幼儿的自信心与成就感，又带动班中其他幼儿对孵化活动的持续关注。

活动二：初见蛋宝宝

今天是孵化蛋宝宝的第七天，孩子们通过观察终于能看到蛋宝宝的变化了。把蛋放在强光手电筒下，有的蛋里面有像蜘蛛网一样的红线，有的蛋里面有一个小黑点，有的蛋没有变化（图3-60）。孩子们纷纷在自己的蛋宝宝孵化日记中记录下此刻的孵化现象。但里面的东西都是什么呢？孩子们猜想可能是血丝、眼睛、心脏，或是发霉了。在观察猜想后，孩子们回到家中通过查询资料解答了这些问题。

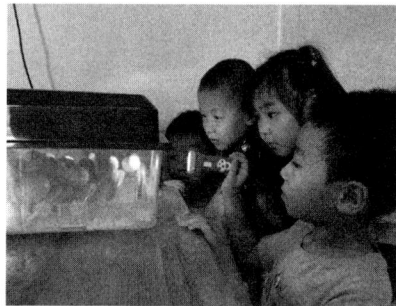

但是没有变化的蛋宝宝是怎么了呢？

图3-60

是因为小鸡太调皮了不想出生？或者它们生长得比较慢？还是孵不出来了？无论是哪种情况，孩子们都希望能够继续孵化这些蛋，期待它们能够孵出小鸡。

> **活动思考**：当孩子们借助工具亲眼见证一颗蛋宝宝的变化与成长时，在惊讶的同时也伴随着新问题产生，教师充分发挥家长资源，支持幼儿通过多种途径与家长一起寻找问题的答案。观察蛋宝宝活动延续了幼儿对新生命的好奇与探索欲望，激发了幼儿呵护蛋宝宝的责任心，使幼儿更加关注蛋宝宝重要的生命节点。

活动三：14天的蛋宝宝

在等待孵化的日子里，孩子们经常走到日历前数着日子，终于到了第14天，我们又可以和小鸡宝宝见面啦！孩子们围着蛋宝宝仔细观察并讨论（图3-61）。

"我感觉它的血丝变多了还粗了，像手上的血管一样。"

"黑色的东西变大了，是长羽毛了吗？"

孩子们在观察了蛋宝宝的变化后，便在孵化日记中记录下来。教师提供了集体记录册，请孩子们在一张表格中记录下所有蛋宝宝的样子。蛋宝宝不同的生长情况也引发了孩子们的关注。

"怎么有些蛋宝宝还是没有变化呢？"

"它们还能孵出小鸡吗？"

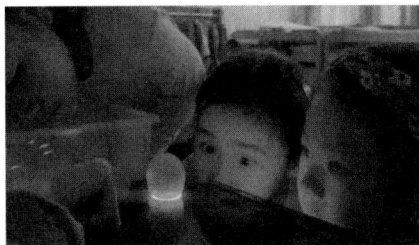

图 3-61

为此，我们一起查询了资料，分辨蛋宝宝能否继续生长的方法，并根据查找的资料，用热水、灯照、蜡烛进行尝试并记录，验证孩子们的猜想。验证结果是，没有变化的蛋宝宝不能够继续生长了，不能孵化的蛋宝宝会有细菌，不能放在孵化器里。孩子们的心情一下沉重了起来。他们伤心地看着我问："这些蛋宝宝真的不能孵化了吗？不能孵化的蛋宝宝怎么办？"班中一直持续开展关于生命教育的课程，幼儿已建立关于"死亡"的认知，孩子们借助生活经验提出可以将蛋宝宝埋葬。孩子们做了许多准备工作，制作了蛋宝宝的小牌子和许多鲜花，他们抱着蛋宝宝在幼儿园走了一圈，最后选择在小菜园把它们埋葬起来，孩子们觉得蛋宝宝和小植物在一起就不会孤单了。埋葬了蛋宝宝后，有的孩子拿着鲜花，嘴里说着什么，走近一听，他们在小声地说："小鸡宝宝，希望你能够复活""希望你的弟弟妹妹能够健康长大""我会经常过来看你的"，等等。孩子们并没有像往常一样被周围的小植物和昆虫所吸引，而是静静地蹲在地上，眼睛注视着埋葬蛋宝宝的地方。在沉默悲伤的气氛中，有的小朋友哭了，身边的小朋友很快围上去安慰同伴，既悲伤又温暖。

活动思考：在孵化的 14 天里，蛋宝宝的"爸爸妈妈们"每时每刻都在期待自己的宝宝快快长大，都在幻想与自己的小鸡见面。但是生命就是这样，有时顽强有时脆弱，我们会陪伴孩子面对现实世界中的种种可能。当孩子们想尽办法来分辨蛋宝宝是否健康时，一个小小的生命已经与另一个小小的生命产生了联系。

阶段分析与思考

幼儿深入探究的表现（探索与发现）	1. 基于观察到的蛋宝宝内部变化，猜测与探究现象产生的原因。 2. 寻找多种方式来判断未发育的蛋宝宝是否健康。 3. 通过多种方式关注小鸡的孵化情况。

（续）

教师支持指导策略和活动形式	1. 及时在班级投放孵化器，使幼儿通过观察了解孵蛋器的各项功能，感受蛋宝宝适宜的生存环境。 2. 投放个人记录本与集体记录册，培养幼儿爱记录的好习惯，同时关注蛋宝宝的生长变化。 3. 梳理总结不同时期小鸡的孵化情况，并与幼儿一同寻找观察小鸡、保护小鸡的好方法。

活动思考：在活动开展的过程中，始终以孵化过程、幼儿的发现为线索，围绕蛋宝宝的内部变化进行深入的科学探究活动。鼓励幼儿细致观察、大胆猜想，并通过多种途径寻找答案，来解答心中的疑惑。基于幼儿对蛋宝宝孵化情况的关注，教师及时投放了个人与集体记录册，促进幼儿在不同小鸡的孵化变化中生发新的问题与思考。

第三阶段：多元表达，展示交流成果

活动：迎接新生命

时间一天天过去了，小鸡出壳的日子就要到了，蛋宝宝也出现了一些变化。孩子们的问题也随之而来："小鸡出生后养在哪儿？""怎样帮助小鸡脱壳？""刚生出的小鸡怎么照顾？"在与同伴讨论、收集资料的过程中，幼儿了解了迎接小鸡出生要做的准备工作，并且从家中选择适合的材料带到幼儿园，为小鸡搭建新家。就在搭建的过程中，第一只小鸡"嘟嘟"破壳而出，孩子们兴奋极了。这是他们第一次亲眼见证一个小生命的诞生。为了庆祝"嘟嘟"的出生，孩子们借助生活经验，提出为小鸡宝宝过生日的想法，特意请大厨叔叔为小鸡制作了可以吃的小米蛋糕。我们一起唱生日歌、吹蜡烛，来庆祝嘟嘟的零岁生日。随后，一只只小鸡也成功地来到了这个美丽的世界。

活动思考：孵化小鸡的活动是幼儿亲身参与体验的，通过眼睛、耳朵、小手等器官来感知生命的神奇。课程中开展的各项活动都顺应了小鸡孵化的生长轨迹，在蛋宝宝不断的变化中，孩子们保持着好奇心与探究欲望。在重重疑惑与困难中，孩子们增强了解决问题、持续观察等学习能力。

阶段分析与思考

幼儿获得的新经验与成果展示	通过 21 天的孵化过程，幼儿增加了孵化小鸡宝宝的体验，并根据小鸡宝宝的生活习性进行持续护理。
教师支持指导策略和活动形式	1. 鼓励幼儿通过眼睛、耳朵、小手等多种器官来探索即将破壳的生命。 2. 鼓励幼儿在生活中寻找适宜材料制作鸡窝，对小鸡宝宝进行细致的照顾。 3. 基于幼儿的想法，为小鸡举办庆生活动。 4. 制作小鸡成长日记，记录这次奇妙的孵化经历。 5. 对小鸡进行后续照顾，并作为毕业礼物送给孩子们。

活动总结与反思

小鸡的孵化需要 21 天，在孵蛋日记里，有些小朋友能够持续观察，有的小朋友逐渐失去兴趣，但是我们顺应、尊重孩子的意愿，利用个人记录册与整体蛋宝宝的记录表来激发孩子的兴趣。随着蛋宝宝的变化越来越清晰，许多孩子又重新参与到我们的活动中。在孩子的眼里，"生命"是简单而又奇妙的。21 天的等待，我们看到了孩子们坚持探索、积极思考的过程。这次活动使孩子们真切感受到生命的奇妙，感悟生命的珍贵。孩子们通过直接感知、实际操作、亲身体验去探索和学习，在获得知识的同时，也逐渐懂得要热爱、尊重和保护每一个生命。

八、小菜园保护计划

教师：李斯

活动缘起

秋天是丰收的季节，孩子们在经历了小菜园愉快的收获后发现，每一块田地里都有许多枯叶和杂草。面对光秃秃的田地，大家讨论起来（图 3-62）。

"小菜园也太乱了吧，到处都是拔下来的叶子。"

"小菜园光秃秃的，没有植物了也没意思。"

"能不能再种一些呢?"小溪溪建议道。

图 3-62

我们将小菜园的现状拍成照片带回班里，借助围圈时间鼓励孩子们表达自己的猜想，同时让孩子们回家查询资料后再做决定。

活动源于孩子们对周围环境的观察以及他们最真实的感受。小菜园是孩子们与自然对话的一片游戏区域，在开展丰收活动后，一片狼藉的场面引发了孩子们的关注。我们非常尊重与珍视孩子们产生的每一种情绪与感受。在小朋友无意的感叹中，教师捕捉到了孩子们心中的想法。并在当下通过拍照的方式记录小菜园的原貌。回到班中基于刚刚发生的事件，借助围圈讨论的方式来倾听幼儿的想法与表达，分析、了解孩子的原有经验。

在活动开展前，班级教师进行了课程前审议，基于当下温度、天气等重要因素进行预设，并分析活动所蕴含着的教育价值。虽然在秋季播种是一项非常大的挑战，但我们依然选择给予孩子们尝试的机会，相信他们是有能力的学习者。希望幼儿在对植物的持续关注中，增强对生命的关爱与责任心，形成对一件事情能够持续关注的学习态度。于是，在了解了孩子们真实的想法并经过价值判断后，我们开展了围绕小菜园种植的深入探究活动。

🌸 活动发展目标

1. 能够围绕感兴趣的话题进行讨论，愿意大胆表达自己的想法。

2. 能与同伴友好相处，能倾听和接受他人的意见。

3. 愿意与小组合作，能够通过分工合作的方式解决遇到的问题。

4. 能够通过保护小菜苗的活动，培养爱护、照料植物的爱心及责任感。

5. 主动关注植物的生长环境，体验保护植物生长的成功感。

★ 活动思维导图

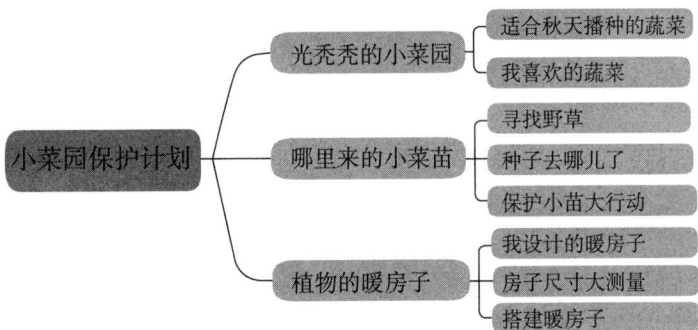

```
                        ┌─ 光秃秃的小菜园 ─┬─ 适合秋天播种的蔬菜
                        │                 └─ 我喜欢的蔬菜
                        │
小菜园保护计划 ──────────┼─ 哪里来的小菜苗 ─┬─ 寻找野草
                        │                 ├─ 种子去哪儿了
                        │                 └─ 保护小苗大行动
                        │
                        └─ 植物的暖房子 ──┬─ 我设计的暖房子
                                         ├─ 房子尺寸大测量
                                         └─ 搭建暖房子
```

★ 活动过程

第一阶段：兴趣萌发，形成探究问题

活动：光秃秃的小菜园

秋天适合种什么植物呢？孩子们带着疑问回到家中与爸爸妈妈一起查询资料，用小朋友看得懂的方式制作海报，带到班级与同伴分享。

"秋天可以种萝卜，因为萝卜是藏在土里的，就不会那么冷了。"

"妈妈和我一起用手机查的，菠菜在零下4℃都可以生长。"

每个小朋友都迫不及待地将自己学习到的新经验和伙伴们分享，同伴的积极分享吸引了越来越多的小朋友加入，他们开始主动地和家人了解不同植物的特性，并尝试用小海报的方式画下来。

面对孩子们这么多的选择，我抛出问题："这么多植物，我们要选择哪些种在小菜园呢？"

"我觉得韭菜比较好，每次长高了就把叶子剪下来，还会继续生长的。"

"我同意菠菜，菠菜很有营养，我们家经常吃。"

在众多的耐寒植物中，孩子们对所获得的信息进行了汇总分析，也做出了结合他们生活经验的判断和决定。最后通过投票的方式选择韭菜、萝卜、菠菜作为播种的植物，并在小菜园埋下了意义非凡的种子（图3-63）。

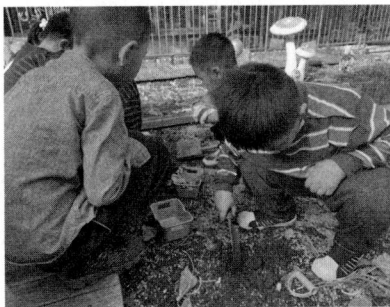

图3-63

阶段分析与思考

幼儿感兴趣的话题	小菜园光秃秃的，没有意思。
幼儿的表现与想要探究的问题	积极参与小菜园话题的讨论，借助自身原有经验表达想法；与家长一起寻找适宜秋季播种的蔬菜。
教师支持策略	1. 关注幼儿的想法，鼓励幼儿大胆表达自己的想法与意见。 2. 为幼儿搭建交流分享的平台，调动幼儿主动查找资料的积极性。 3. 有效利用家长资源，与幼儿一起丰富认知经验。
可利用的资源	1. 家长资源：关注幼儿的个性化需求，提供相应的学习资源和支持。 2. 绘本资源：通过精读绘本《种子去哪儿》，了解种子不同的传播方式。 3. 自然资源：跟随季节，让孩子们在日常生活中自然地感受到天气的变化，并引发对植物的特殊护理。 4. 园所资源：借助幼儿园小菜园环境资源，使孩子们在真实环境下持续探索。

第二阶段：深入探究，亲历解决问题

活动：哪里来的小野草

孩子们播种了蔬菜种子后，持续进行护理，密切关注小苗的变化。经过一个周末的时间，当孩子们再次去护理蔬菜时，书成惊讶地发现："快看！小萝卜这里长了这么多野草（图3-64)！"

有的小朋友疑惑这是蔬菜苗还是野草。为了解答孩子们的疑惑，我们一起到小菜园里去寻找野草，发现野草都是细细长长的，像牙签一样，和我们菜园里长的植物的外形一点也不一样（图3-65）。经过与真实的野草进行对比，孩子们得到了确定的答案，这些小苗一定不是野草。

蕴章问道："那这些小苗是哪里来的呢?"孩子们各抒己见。

"这么多种子，可能是之前其他班小朋友种的，因为太冷了，所以一直没发芽。"

"是大风刮来的吧，周末刚好刮了大风。"

图 3 - 64

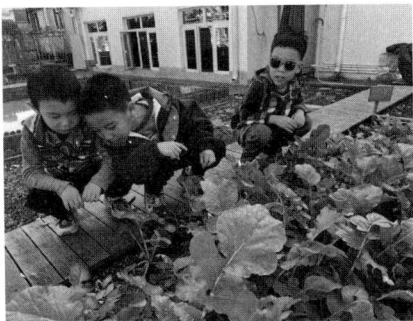

图 3 - 65

这么多传播种子的方式引发了幼儿对种子传播途径的关注，于是我们一起精读了绘本《种子去哪儿》。通过绘本故事，孩子们了解了不同种子的旅行方式，跟随小种子进行奇妙的冒险。在丰富认知的同时，孩子们也感受到了自然的神奇与生命的力量。绘本解答了孩子们的问题，但小苗是之前种下的，是谁播种的？是什么植物的种子？却不得而知。

孩子们开始向爸爸妈妈求助或者在百科书、手机上查找资料，但是因为小苗太小了，都没有得出最终的答案。教师关注到幼儿对小苗的探索进入瓶颈期，于是鼓励道："小苗在小朋友们的悉心呵护下总会长大的，就像小蝌蚪一样，从一个小黑点慢慢长成青蛙，我们可以等小苗长大一些再去查询答案。"同时再次提出驱动性问题："那我们的小苗怎么办呢？是保留还是当作野草铲除呢？"有除草的声音，也有保护的想法，我们把冲突和矛盾再次交还给孩子，相信他们能够合理地解决遇到的问题。最终在大家的讨论下，孩子们决定帮小苗搬家，因为既要保护我们播种的蔬菜，让它们在宽敞的空间下生长，又要保护新发芽的小苗。

活动思考：在孩子们的发现与猜想中，老师鼓励孩子们通过细致的对比观察，从形状、大小、颜色等方面比较小苗与野草的不同，在实际操作、直接感知中获得新经验，帮助孩子基于观察细节来表达自己的猜想。在猜测种子从哪里来时，幼儿结合自身经验，根据近期天气、周围环境、小苗的稀疏等多个因素提出假设。教师保护孩子们的好奇心，支持他们根据自身经验大胆地提出猜想。为了验证猜想，教师通过绘本拓展幼儿经验，解答孩子们心中的疑惑，同时也启发孩子们愿意尝试在书中寻找问题的答案。

阶段分析与思考

幼儿深入探究的表现（探索与发现）	1. 通过对比观察，发现新长出来的小苗与野草的不同。 2. 根据幼儿意愿，通过不同的方式分别对新长出来的小苗和已种好的蔬菜进行保护。
教师支持指导策略和活动形式	1. 在当下真实的环境中，借助围圈时间引发幼儿围绕发现进行讨论。 2. 保护孩子们的好奇心，鼓励他们根据自身经验大胆提出猜想，通过绘本进行验证。 3. 通过驱动性问题激发孩子们思考、探索和行动。

第三阶段：多元表达，展示交流成果

活动：植物的暖房子

随着温度越来越低，孩子们关注到小菜苗最外面的叶子逐渐出现了冻伤的情况，感受到小苗与天气的关系。

在游戏区过后，小朋友们穿好外衣，赶忙看看小菜苗的情况。莜麦菜被风吹得摇摇晃晃，菠菜和小白菜的叶子也低下了头。孩子们在观察中发现，寒冷的气温和大风为小蔬菜带来了很大的伤害，纷纷统计需要特殊护理的蔬菜，回班后开始商讨防寒保暖的办法。奕昕说道："我跟妈妈去一个大棚里采摘过草莓，我们也可以给小蔬菜做一个房子呀！"瀚文激动地回应道："对！我要做一个最温暖、最坚固的房子！"很快，孩子们成立了四个制作蔬菜暖房子的小组，并且根据自己所要保护的蔬菜特性和生活经验来设计该植物的专属房子。

莜麦菜是小菜园里最高的蔬菜，做一个多高的房子合适呢？孩子们有的使用魔尺，有的使用小尺子，开始了测量活动。他们根据所获得的测量数据选择了相应长度的铁架后，使用毛根、胶带、麻绳等多种材料连接铁架。在操作的过程，孩子们自然地感知材料连接的特性。

方形、帐篷形、拱形的骨架已经牢牢地扎根在田地里。什么样的材料最保暖呢？有的孩子因为见到过用保温铝膜装的生鲜快递，所以认为保温铝膜是很温暖的。有的孩子在冬天看见过用一种绿色的布将小树苗的树干包裹起来，所以认为用绿色的布包裹肯定既柔软又温暖。还有的孩子选择了保鲜膜、透明塑料布。每个小组的成员都在选择他们认为最适宜的材料，打造着他们心中的暖房子。

但在搭建过程中，不同的小组也遇到了个性化问题，如骨架连接不上、同伴配合不默契、房子松散或不能透气等（图3-66）。于是孩子们再次调整计划和材料，向同伴学习好的经验与做法。例如温暖小队选择的保鲜膜太薄了，于是选择向彩虹小组学习使用透明塑料布。而彩虹小组觉得，他们的房子不太坚固，总是摇摇晃晃，于是为暖房子增加了四个支柱。孩子们在不断地发现问题、调整计划、解决问题的模式下最终完成了暖房子的搭建。一座座暖房子在秋风习习的小菜园中显得富有童趣和生命力。

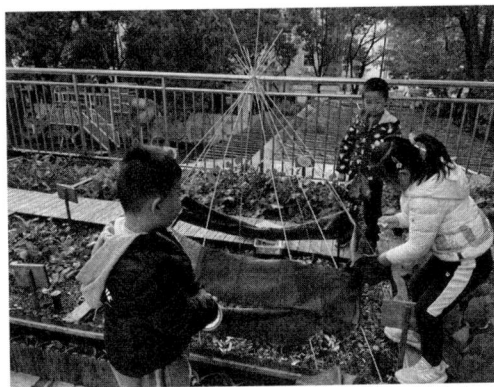

图3-66

活动思考：在活动过程中，教师充分再现幼儿的原有经验，鼓励幼儿大胆表达自己的想法，尝试利用数学知识解决生活中的问题。在暖房子的搭建中，不进行材料的限制，而是让孩子们在操作体验中自然地发现问题，主动地寻找解决问题的方式。教师的放手让我们看到了儿童学习的力量，孩子们在发现问题后能够主动观察他人的优秀做法，并积极向同伴学习，调整自己的制作方案，有虚心的学习态度。整个活动都在向积极的方向完善和发展。

阶段分析与思考

幼儿获得的新经验与成果展示	基于对小苗的细致了解，制作能够帮助蔬菜御寒的暖房子。
教师支持指导策略和活动形式	给予幼儿个性化的支持，在暖房子的搭建中不进行材料的限制，使幼儿在操作体验中自然地发现问题，主动地寻找解决问题的方式。

活动总结与反思

在本次活动中，我们非常珍视孩子们的发现，以同伴的角色来了解他们的想法，在观察的同时收获了惊喜，在放手的同时促进幼儿多元发展，提升了幼儿的动手操作能力与交往能力。通过围圈活动、一对一倾听、细心观察，我们更加清晰、真实地了解了孩子的想法，看到了更具体、更鲜活的儿童。在了解了孩子们真实的情感需求后，才能给予后续适宜的支持，使微课程下的活动能够紧紧跟随孩子的脚步，越发多元、丰富。

活动始终以孩子们的发现为线索，以问题解决为导向，激发幼儿的学习兴趣和好奇心。以关注孩子们的问题和提出驱动性问题两种方式来引发幼儿思考，使幼儿在解决问题的过程中积极探索、实践，形成对知识的积极态度和学习动力。活动培养了幼儿的主动性、创造性、合作性等，帮助他们在解决问题时尝试不同的方法和策略，掌握了通过表达、倾听、协商来解决问题的方法。幼儿在一个又一个的问题与冲突中，建立新经验，运用新经验，提升新经验。

面对孩子的不同问题，教师并不急于帮助幼儿解决问题。而是倾听幼儿所想，鼓励幼儿充分表达。放权、赋能，将孩子们的问题还给孩子们解决，给予了幼儿大胆猜想、多途径验证、充分试错的空间与时间。小菜园系列活动按照儿童经验的轨迹稳步推进，探索过程是连续的、流畅的、递进的，营造了以孩子为中心的探索环境，使孩子们能够更加主动、更有深度地探索。在这个过程中，孩子们收获的不仅仅是知识技能，更多的是对小菜园的持续关注，感受生命的可贵，体验种植的乐趣。学习是孩子由内而外生发出的自主学习的过程，是为其终身学习奠定基础的过程。

每一个活动都是生活的体验和情感的熏陶，在一个又一个的活动中，一颗颗稚嫩的童心渐渐丰富，在生活中经历，在经历中积累经验，在积累经验中成长。让我们一起期待孩子们在成长旅途中更多的精彩发现和探索吧！

九、探秘地铁站

教师：霍霖笛

活动缘起

我园紧邻地铁站，乘坐地铁是附近居民重要的出行方式。一次，一名幼儿分享的自己乘坐地铁的经历引发了大家的共鸣。孩子们不由自主地讨论起来。

"我坐过地铁,每次回姥姥家我都要坐地铁!"

"我最喜欢地铁啦!要是咱们班也有一个达官营地铁站就好了……"

地铁是当下大城市中最普及、最便利的公共交通工具之一,它贴近孩子们的生活,也成为当下孩子们感兴趣的共同话题。就这样,搭建地铁站的游戏如火如荼地展开了……

活动发展目标

1. 了解北京地铁的相关知识,具备乘坐公共交通工具的生活能力。

2. 能够在活动中提出问题,看待问题时具备一定的批判精神。

3. 在集体中愿意大胆表达自己的看法,能用积极的心态倾听和接受同伴提出的不同观点。

4. 面对问题具备较强的探究精神,能够借助观察、讨论等多种方式进行探究。

5. 对生活中地铁运行等现象有初步的兴趣,愿意尝试通过多种途径了解其中的原理。

6. 能够发现和关注身边的首都文明现象,为自己生活在首都感到自豪。

7. 在活动中有较强的合作意识,愿意主动承担集体中的任务,有较强的任务意识和目标意识。

活动思维导图

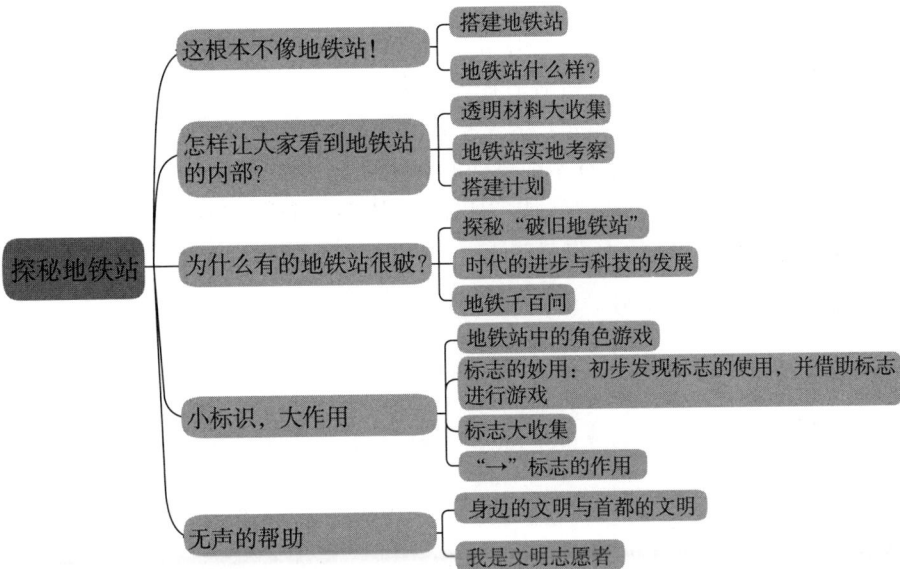

探秘地铁站
- 这根本不像地铁站!
  - 搭建地铁站
  - 地铁站什么样?
- 怎样让大家看到地铁站的内部?
  - 透明材料大收集
  - 地铁站实地考察
  - 搭建计划
- 为什么有的地铁站很破?
  - 探秘"破旧地铁站"
  - 时代的进步与科技的发展
  - 地铁千百问
- 小标识,大作用
  - 地铁站中的角色游戏
  - 标志的妙用:初步发现标志的使用,并借助标志进行游戏
  - 标志大收集
  - "→"标志的作用
- 无声的帮助
  - 身边的文明与首都的文明
  - 我是文明志愿者

活动过程

第一阶段：兴趣萌发，形成探究问题

活动：这根本不像地铁站！

孩子们尝试使用比较、测量等多种方式进行游戏，他们的搭建过程有说有笑、分工明确、互相帮助，在区域分享时还收获了同伴的鼓励。

随着时间的推移，终于到了地下一层封顶的一天。孩子们迫不及待地向同伴分享他们的作品，然而这一次他们却听到了不一样的声音……

小皮："这是什么呀？一点也不像地铁站。"这是第一次有小朋友质疑。

"怎么不像了？地铁在地下的，钻进去就能看见里面了。"梓宸马上反驳。另外三名幼儿则表现得有些不知所措。

可儿："之前还能看见轨道，现在什么都看不见了。"

小皮："那地铁站里也不是黑漆漆的，现在什么都看不见了。"

另外几名小建筑师面对同伴提出的意见，不知道如何回应，而航航则满脸通红，眼泪在眼睛里打转。问题出现后，班级组织了一次儿童会议。"今天的区域分享大家都很有兴趣。"我首先说道。

"可是他们说我们搭的不像地铁站……"宁宁小声地说。

"其实也像，就是里头太黑了！"梓宸马上回应。

之前没有参与搭建游戏的耳耳也加入了讨论。

"要不给地铁站开个窗户？""我家是落地窗，屋里也是亮亮的。"

随着讨论的深入，越来越多的幼儿加入了进来，几位小搭建者的脸上又挂起了笑容。在讨论中，他们渐渐学着客观地分析同伴提出的问题，从内心接受了大家的合理建议。不仅如此，为了搭出真正的地铁站，他们还在区域计划本上增加了"建议区"，让没有参加搭建游戏的幼儿也能经常把自己的经验和建议记录在上面。几位小朋友开始用积极的心态进行讨论，制定下一步的搭建方案，自信的笑容又回到了他们的脸上。

阶段分析与思考

幼儿感兴趣的话题	1. 我们都坐过地铁。 2. 在建筑区搭建一座地铁站。
幼儿的表现与想要探究的问题	幼儿开始搭建地铁站，并遇到了"黑漆漆的建筑不像地铁站"的问题。

（续）

教师支持策略	1. 支持幼儿想法，鼓励幼儿结合生活经验搭建地铁站。 2. 为幼儿创造机会，讨论"像不像地铁站"的问题。 3. 支持幼儿增设建议区的想法。
可利用的资源	地理资源：我园紧邻地铁站，幼儿都具备乘坐地铁的经验，对地铁站有初步认识。

　　我园紧邻地铁站，孩子们都有乘坐地铁的生活经验，这样的生活经验引发了幼儿间有关地铁的话题。大班幼儿喜爱有挑战性的游戏，于是在地铁话题的讨论中形成了搭建地铁站的游戏愿望。

　　地铁站不同于传统建筑物，它是一个空间关系相对复杂的大型建筑，幼儿在搭建中必定会在空间感知、数学运用上有所收获。同时，幼儿希望搭建出的地铁站是贴近生活的、真实的，所以当幼儿遇到"黑漆漆的不像地铁站"的问题时，可以直接走进生活进行观察探究，运用多种方式解决问题，形成悦纳建议、遇到困难不放弃、积极思考解决问题的能力与生活态度。地铁站是一个真实的社会环境，大班幼儿也可以在走进地铁站的过程中放眼社会，获得多元发展。

第二阶段：深入探究，亲历解决问题

活动一：怎样让大家看到地铁站的内部？

　　经过一番讨论，孩子们认为更换透明的搭建材料是最方便可行的，于是开始在班级里和生活中收集各种透明材料，收纳箱透明盖子、美工区透明桌垫，甚至纱窗都被孩子们一一尝试。通过对比观察不同材料的操作性、安全性，孩子们最终选择用长木板和塑封膜桌垫作为搭建大面积墙壁或天花板的材料。在班级成员的共同努力下，大家终于不用趴在地上就能看到地铁内部了。这一进展随即激发起孩子们进一步探索地铁站内部关系的兴趣，于是在相互讨论中，建筑小组有了进一步完善地铁站的整体设计。

　　随着搭建地铁站游戏的深入，越来越多的小朋友参与进来，他们相约走进地铁站进行实地考察，记录自己的发现，谈论遇到的趣事和奇思妙想（图3-67，图3-68）。比如地铁站起码要有三层；地铁里边要有光亮，能从外边看到轨道；车站每一层要有连接，乘客能从地铁口一路走到车上。

图 3－67

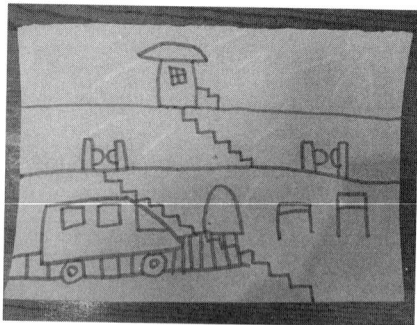

图 3－68

活动思考：为了解决地铁站内部黑漆漆的问题，我把解决问题的机会交给幼儿，支持幼儿走出建筑区，去选择更适宜的材料。在向同伴介绍自己关于地铁站的已有经验时，幼儿关注并渴望进一步了解的也不仅仅是建筑，而是将自己对地铁的认知经验运用在游戏中，他们开始对地铁有了更强的探索欲。作为教师，我珍视幼儿在游戏中产生的问题，支持幼儿以问题为切入点，运用自己的方式主动探索，在解决问题的过程中积累经验。

活动二：为什么有的地铁很"破"？

一天湉湉分享自己乘坐地铁 1 号线的经历，其中一张照片引起了大家的疑问。

桂宝："为什么湉湉拍的地铁列车不在玻璃房子里面呢？好难看呀。"

子乐："不光难看，还有点危险，等车一定不能离列车太近。"

夏天："我记得地铁关门的时候会嘀嘀响，门上还亮灯，这个照片都没有那个红灯，乘客怎么知道什么时候关门呢？"

子乐："这是哪里的地铁站啊？北京真的有这样的地铁站吗？我可真没见过这么危险的地铁站。"

为了支持幼儿的进一步探究，班级尝试使用马赛克中绘制地图的方法，将孩子们收集到的图片进行汇总，由幼儿进行分类，结合亲子共同收集的资料，在讨论中大胆猜想为什么会有不同的地铁（图 3－69）。

在绘制地图的过程中，孩子们自然而然地根据照片的"好看程度"对照片进行了分类。分类粘贴之后，他们惊讶地发现

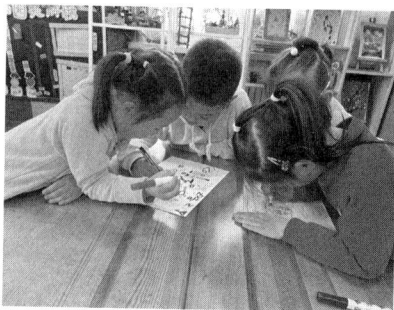

图 3－69

最"不漂亮"的地铁是红色（1号线）和深蓝色（2号线）的。绘制地图是在幼儿产生疑问的基础上为孩子们搭建进行同伴交流和主动探索的平台，给予幼儿充分表达的机会。对照片的再观察可以帮助幼儿有效梳理经验，鼓励幼儿在自由讨论中进一步探究。

一番讨论过后，经常乘坐1号线的桃子突然发现1号线的石头房子出入站口前有一行小字"建于1965年"。虽然孩子们对"1965年"这个时间并没有具体的概念，但通过这个数字，小朋友们猜想到不同样子的地铁站很有可能是不同时间建造的。

带着这样的猜想，孩子们开始自发地收集地铁建造时间的相关材料，再针对地铁站的建筑时间、外形进行对比和讨论。最终，孩子们发现原来"不漂亮"的地铁站是因为它们的年纪已经很大了，甚至比爸爸妈妈还要大，但是座椅会发热的房山线，是在小朋友们出生前不久才建成的。在这样的发现中，孩子们不禁感慨，原来科技的进步可以为我们的生活带来如此多的便利，生活在科技发达的今天是一件多么幸福的事情。

对地铁了解得越多，孩子们对地铁的相关专业知识就越好奇。在游戏中，孩子们的搭建也不再满足于"看起来像"，他们更加渴望还原自己眼中充满科技感的地铁站。为了满足幼儿的游戏需要，我们充分利用家长资源，开展了"地铁千百问"活动，通过线上互动的方式直接与地铁工作人员对话，向他们提出自己感兴趣的问题，比如地铁的能量从哪里来、轨道的作用等（图3-70～图3-73）。

| 图3-70 | 图3-71 | 图3-72 | 图3-73 |

活动思考：主题活动开展的初期计划是"和幼儿共同了解地铁，帮助他们建立相关经验"，在课程真正进行的时候，我把计划调整为"基于幼儿

在游戏中遇到的现实问题，鼓励他们亲身体验、实际感知，运用多种方式表达和记录自己的发现，助力丰富游戏"。随着游戏的丰富和深入，越来越多的小朋友加入其中，在围圈分享时间，幼儿对地铁产生了更多好奇，于是我们邀请到从事地铁相关工作的家长，与孩子们进行了线上直播互动，解答孩子们关于地铁的各种问题。为了利用好这宝贵的机会，孩子们也做了很多准备工作，经过收集问题、亲子搜索、同伴交流，最终留下了4个大家最关心且始终没有解决的问题在线上互动时提问。孩子们不仅知道了很多有关地铁的小秘密，而且收获了主动学习的体验。

活动三：小标识，大作用

随着对地铁了解的深入，孩子们逐步将栏杆、安全门、售票处等补充在建筑区的地铁站建筑中。看着越来越逼真的地铁站建筑，明宇迫不及待地拿着用乐高玩具拼插的小人放到里面想体验一把，然而刚到里面就将隧道碰倒了（图 3-74）。

"你干什么！我刚修好的！"一名小建筑师激动地说。

图 3-74

"对不起，但是里边本来就是乱的。不是我弄的。"明宇答道。

这时孩子们都将目光锁定在最底层，只见不少建筑都是歪歪扭扭的，早已不是刚刚搭建时的样子。孩子们也七嘴八舌地讨论起来。

明宇："我不是故意的，我进去的时候宁宁也在里边，我们两个走到了一起，才撞倒了隧道。"

萌萌："我知道了，是他们没有按方向走，我在地铁站的地上看到过指示箭头。"

子乐："对！我也看见过，只要跟着箭头走就能找到正确的路。"

小美："我们可以帮忙做标识啊。"

随着箭头标志制作完成并投入使用（图 3-75，图 3-76），孩子们也在地铁站里发现了更多标志，幼儿对标志以及标志的意义、作用也显得格外有兴趣。他们发现地铁里的标志一共分为三类：指示标志、安全标志、文明标志。那箭头究竟属于哪一类呢？

图 3-75

图 3-76

孩子们经过多次讨论得出了结论，其实同一个标志可以有多重用途，箭头既能用来指示方向，又可以提示乘客先下后上。原来小小的标志里蕴藏了大大的文明，当人人都能做到遵守规则，心中有他人的时候，社会一定会变得更加美好。

活动思考：面对地铁建筑倒了的情况，真正的教育契机不是修复好，而是引发幼儿思考，结合生活经验解决问题。此时一个小箭头就发挥了大作用，幼儿开始关注规则，家长也积极参与到活动中，共同收集地铁站里的标识，进一步让孩子们感受到这些特殊符号在生活中的作用。

这个小小的箭头将游戏推向了又一个高潮。之前幼儿对于地铁站的观察与认识就像是"俯视"，他们有很多发现和感受，但始终没有将自己带入地铁，而箭头的发现和使用将幼儿与地铁更紧密地联系在了一起。正是在解读标志、使用标志的过程中，幼儿开始透过人来人往的地铁站发现了隐藏在标志后的文明，他们渐渐萌发了"我是社会中的一员，我希望通过自己的努力为首都文明添砖增瓦"的愿望。除了在地铁上，幼儿在生活中也更加关注各种文明现象、文明行为，比如为身后的小朋友撑起门帘，向老师和长辈问声好，在公共场所轻声慢步。幼儿将自己的发现和感受记录了下来，他们为生活在文明的北京感到幸福，更加愿意用自己的一言一行延续、发扬文明。

🚗 阶段分析与思考

幼儿深入探究的表现（探索与发现）	1. 幼儿自发讨论，为如何搭建出可以看到内部的地铁站出谋划策。 2. 发现并对比不同地铁站的区别，关注到"破旧地铁站"并大

（续）

幼儿深入探究的表现（探索与发现）	胆猜想地铁站不同的原因。 3. 主动提出有关地铁的许多科学问题，并渴望答案。 4. 幼儿自发生成借助乐高小人体验乘坐地铁的角色游戏，并就"歪歪扭扭的地铁站"产生争议与讨论，在讨论中萌发使用标志解决问题的愿望。 5. 将对地铁站中的标志的相关经验迁移到生活中，关注身边的标志，希望制作标记。
教师支持指导策略和活动形式	1. 支持幼儿大胆尝试不同的搭建材料，给予幼儿充分的试错机会。 2. 借助马赛克绘制地图法，为幼儿提供观察、对比不同地铁站照片的机会，从而引发幼儿进一步的思考。 3. 家园共育，为幼儿提供充分的实地考察机会。 4. 利用社会资源为幼儿提供直面地铁工作人员并提出问题的机会。 5. 鼓励幼儿再次走进地铁站，观察并思考标志的作用和意义，为幼儿提供分享新发现的平台。 6. 为幼儿制作标志大分类玩教具，在游戏中引发幼儿进一步思考标志在生活中的价值。

"探秘地铁站"的微主题活动是从幼儿搭建地铁站的兴趣与问题中产生的，幼儿为了搭建出自己满意的地铁站产生了实地考察的愿望。地铁贴近幼儿生活，也是社会的缩影，所以教师及时进行家园共育支持，实地考察也成为贯穿整个活动的学习方式。

幼儿不同阶段实地考察所关注的点不同，也有了如科技进步、首都文明、人与人之间的关爱等的收获。课程中，教师时刻关注幼儿在实地考察中的新发现、新感受，借助马赛克方法中的围圈时间、地图法等方法，支持幼儿全面探究地铁，并将相关经验迁移进生活中，实现幼儿问题从生活中来到生活中去的深度学习。

第三阶段：多元表达，展示交流成果

活动：无声的帮助

标志在地铁游戏中被广泛使用后，孩子们也开始关注那些在生活中常常被忽视的标志，也制作了许多标志粘贴在幼儿园里，例如"别踩植物"的文明标志、"小心夹手"的安全标志等。孩子们透过对标志的理解和使用，发现生活中有很多无声的提示和帮助，正是这些无声的帮助在不断向人们传递爱与温暖，也在守护我们身边的文明。

关于地铁的分享还在围圈时间继续着。这一天，航航向大家分享自己去地铁站当志愿者的经历，只见他手中的照片里，航航、小皮和小丸子3个人带着自制的志愿者袖箍，正在为地铁里的乘客指路，向乘客介绍地铁中的安全注意事项。这组照片引发了小听众们的热烈讨论（图3-77，图3-78）。

图3-77　　　　　　　　　　　　　图3-78

梓晴："哇！他们去地铁里当志愿者了！"

桐桐："你们看，航航还在给那位奶奶指路呢。"

夏天："你们太勇敢了，我也想去当志愿者，我也想帮助别人。"

站在圆圈中央自信分享的航航，在活动开始时是一个面对不同声音就一言不发的孩子，然而现在，他的脸上充满了骄傲的笑容。

阶段分析与思考

幼儿获得的新经验与成果展示	1. 建筑区逼真的地铁站模型建造成功。 2. 幼儿走进地铁站当志愿者。
教师支持指导策略和活动形式	1. 支持幼儿不断将实地考察中的新经验、新发现应用到搭建游戏中。 2. 充分利用社会资源，为幼儿提供当志愿者的机会，并为志愿者创建分享的平台。

整个"探秘地铁站"的活动是在问题中生成的，大班幼儿在活动中发现问题、解决问题的能力逐渐增强，在遇到问题的时候有主动进行实地考察、主动解决问题的愿望。从实地考察中也延伸出了多元化的发展，教师始终支持和相信幼儿，为幼儿提供大量积极思考、试错的机会。

大班幼儿在主题中走出了"舒适圈"，通过地铁站看到了许多社会现象，也形成了爱生活、渴望为生活贡献自己力量的愿望，逐渐建立起正向的人生观和价值观。

✤ 活动总结与反思

"探秘地铁站"是一个由问题开始，在问题链中推进和开展的主题活动。最初，当幼儿提议要在建筑区搭建地铁站时，作为老师的我们有顾虑、有担忧。站在成人的视角，地铁站的搭建需要很强的空间概念，而且地铁站不是一个容易从外部直接观察的建筑，需要借助观察不断进行空间上的推理与尝试，这就意味着幼儿在游戏中必定会遇到或产生各种各样的问题。未知的重重难题，他们真的可以一一解决吗？如果我们能够蹲下来换个视角，感受就会截然不同。幼儿有兴趣、有观察经验和乘坐地铁的经验，他们具有自信且充满挑战的欲望，老师要做的第一步就是学会相信孩子、支持孩子。更重要的是，教师要学会正确看待幼儿游戏中的问题，自发产生的问题往往代表着他们渴望对活动有更深一步的探索，在不断解决问题的过程中，幼儿也在进行着持续性的主动学习。

在整个活动中，我最大的感触就是给了自己新的定位，我要做一个善于支持的教师。我要学会用眼睛观察，思考适宜的方法，而不是一味地输出、给予。我很庆幸，在活动初期，我尝试放慢脚步，在幼儿出现问题时没有站出来做"法官"，而是借助儿童会议、围圈时间等支架将问题抛回给幼儿，鼓励、支持他们主动思考，主动学习。随着一个个问题的出现，班级教师借助各种支架支持幼儿的观察、讨论、思考，这些问题逐渐串成了一个完整的问题链。教师也努力做一名鼓励幼儿主动学习、解决问题的支持者，引导幼儿在问题中进行探索与学习。

十、来园不迟到

教师：高宇

✤ 活动缘起

近期，每当早操音乐响起时，只有几个小朋友参加。早锻炼结束后，诗雯说道："今天早锻炼的小朋友怎么这么少？他们怎么都迟到了？"于是，针对"迟到"这个问题，孩子们展开了讨论。

柏乐："为什么他们这么晚才来幼儿园，我每天都是幼儿园大门还没有开就来了。"

小葫芦："我们马上就要上小学了，一定不能再迟到，我们从现在开始就要每天按时来上学。"

"迟到"这个话题里蕴含了很多发展价值，如让孩子懂得珍惜时间，合理规划时间，适应小学生活等。意识到这个问题之后，教师开展了关于怎样不迟到的微主题活动。

活动发展目标

1. 初步认识时间，学会看整点、半点，了解迟到的意义，逐渐养成守时的良好习惯。

2. 初步认识时钟、多种计时工具，体会钟表在生活中的用途以及时间的不可逆性。

3. 能够运用记录、绘画等多种表征方式表达自己在体验时间时的发现、探索、感受的过程等。

4. 尝试运用时间合理规划自己的一日活动，学习管理自己的时间。

活动思维导图

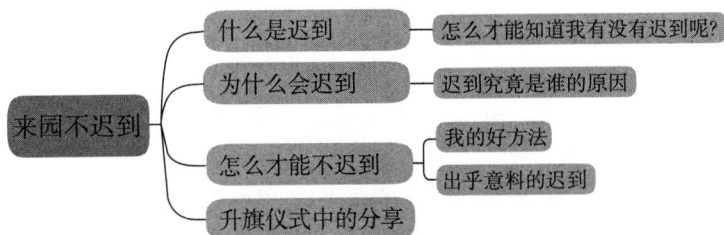

```
                  什么是迟到 ──── 怎么才能知道我有没有迟到呢？

                  为什么会迟到 ──── 迟到究竟是谁的原因

  来园不迟到                        我的好方法
                  怎么才能不迟到 ──┤
                                  出乎意料的迟到

                  升旗仪式中的分享
```

活动过程

第一阶段：兴趣萌发，形成探究问题

活动：什么是迟到

什么时候来就算迟到呢？有的孩子说："没有按时来幼儿园就是迟到了。"

有的说："没有做早操就是迟到了。"还有的说："早操是8点10分结束，之后再来的就是迟到了。"这个说法赢得了大部分小朋友的认同。

可是怎么知道自己有没有迟到呢？孩子们说可以每天记录自己来园的时间，这样就可以看出有没有迟到、哪天迟到了。于是孩子们想了各种可以随时知道时间的办法：看电话手表（图3-79）、问家长（图3-80）、看钟表（图3-81）、看幼儿园门口的打卡机等。

图3-79　　　　　　　　图3-80　　　　　　　　图3-81

经过尝试和记录，孩子们遇到了新问题，统计员每天要花费很长时间来统计按时来园和迟到的人数，有什么既快速又便捷的统计办法呢？随着讨论的深入，孩子们想到用不同颜色的笔来记录8点10分之前、8点10分以后来园的人（图3-82），还有小朋友想到把男孩和女孩分开记录，签到表可以每周汇总一次，每天按时来园的小朋友可以得到奖励等。

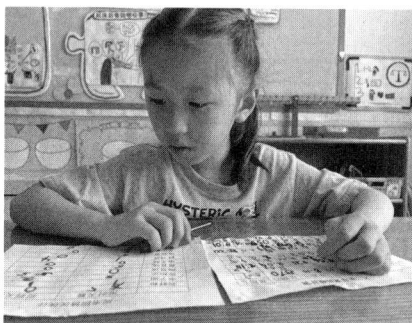

图3-82

🚗 **阶段分析与思考**

幼儿感兴趣的话题	1. 为什么很多小朋友都迟到了？
	2. 什么时候来就是迟到？

（续）

幼儿的表现与想要探究的问题	幼儿自发讨论来园时间，共同分享交流。
教师支持策略	1. 借助儿童会议，引导幼儿积极与同伴分享、交流，在讨论中确定准时来园的时间和相应的事件。 2. 支持幼儿用早来园打卡的方式记录来园的时间，从而在记录表中观察、统计是否迟到。
可利用的资源	1. 家庭资源：家长支持幼儿关注时间，寻找多种计时工具。 2. 物质资源：时钟。

在产生问题时，教师支持孩子们通过围圈讨论的方式进行深入思考和主动学习，如和孩子们一起开展认识钟表的集体教育活动，投放相关绘本、玩具材料、自制钟表，创设钟表展等活动，支持鼓励幼儿通过生活与游戏学会看时间。

第二阶段：深入探究，亲历解决问题

活动一：为什么会迟到

在早来园打卡活动中，迟到的小朋友经常一边记录一边说自己迟到的原因，有的孩子说："因为早晨吃饭太慢了。"还有的小朋友说："路上堵车了，我也没有办法。"教师发现幼儿已经有了思考和表达迟到原因的愿望，于是顺应幼儿的兴趣，运用儿童摄影的方法，请孩子在早来园的过程中记录下自己认为导致迟到原因的照片，并将收集到的照片用魔毯的方法与全班幼儿进行分享：路上堵车、等电梯、边吃边玩、做事磨蹭等。同时教师鼓励幼儿在观看照片的过程中积极讨论，创设进一步学习的可能。

有的孩子说："我是因为爸爸妈妈叫我太晚了才迟到的。"还有的说："妈妈总要先送姐姐再送我，我就晚了。"这些小朋友说的都是他人的原因。还有的小朋友说："我吃早饭的时候看动画片了，所以吃得特别慢。""我之前也边看动画片边吃饭，但是现在我不看就变快了。"在讨论中，孩子们认为的迟到原因主要分为两大类，一个是自身原因，另一个是他人原因。

迟到究竟是谁的原因，迟到又会有什么影响呢？这个话题一下就激起了孩子们的表达欲。于是一场关于"迟到"的话题辩论赛开始了，孩子们根据自己的经历主动分成了正方和反方（图 3-83，图 3-84）。

图 3 - 83

图 3 - 84

反方——迟到是别人的原因	正方——迟到是自己的原因
苗苗：我早晨太困了，爸爸妈妈说没关系，可以多睡会。	楷楷：你可以早点睡觉，这样就能早起了。
小树：迟到是因为要先送姐姐上学。	诗雯：可以自己提前收拾好东西，这样送完姐姐就能立刻出发。
乐乐：下电梯人太多，路上堵车了我也没有办法。	颖之：你可以早点出门，就不会晚了。
……	……

活动思考：这次辩论会引发了幼儿激烈的讨论和思想碰撞，也让他们更加关注迟到这件事儿。从"因为谁迟到"到"迟到带来的严重影响"再到"讨论避免迟到的方法"，孩子们用批判性思维去质疑观点、论证观点、悦纳他人、独立思考问题。我们能够感受到孩子的学习在持续发生，在这种积极尝试、主动思考的过程中，他们反思了自己，内化了解决问题的思路和方法，在感受辩论紧张有趣的同时，体验表达自己、解决问题的自信与快乐。

活动二：怎样才能不迟到

这天早上，乐乐又迟到了，他说："我也不想迟到，但是早上实在太困了，起不来。"大家想了很多好方法帮助乐乐，有的说："可以设闹钟。"有的建议："晚上早点睡，早晨早点起床。"还有的说："要提前一天准备好第二天要用的东西，避免浪费时间。"

通过讨论，孩子们想到了很多避免迟到的好方法。这些方法有用吗？大家跃跃欲试。于是教师支持、鼓励孩子们通过尝试和体验去验证方法是否有用。

孩子们制订了晨间计划，在表格中记录下早晨做的每一件事情的后面写出预计使用的时长。在家长的支持下，"不迟到"计划开始了。爸爸妈妈的加入让孩子们的兴趣更加浓厚，亲子共同记录第二天起床每件事情的准确用时。在实施过程中，他们发现计划和实际用时有很大的不同，于是进一步调整计划表，确定起床时间，合理规划时间。

一周又过去了，迟到的现象明显减少了，是孩子们的方法奏效了吗？

镜头一：这几天迟到的小朋友好像少了很多，大家成功的秘诀是什么呢？有的孩子说："我会每天整理好第二天要穿的衣服，这样就节省了很多时间。"还有的小朋友说："我的方法也成功了，我穿衣服、刷牙的时候都会让妈妈帮我计时，这样就不会迟到了。"

镜头二：有的小朋友却很困惑："明明我定好了闹钟，但是早上还是很困，起不来。"那该怎么办呢？教师又把问题抛回给孩子们。孩子们表示："可能是睡觉的时间不够吧，我明天晚上可以再早一点睡。"针对失败的方法，他们提出了新的改进措施，决定再次尝试。教师和家长也将继续跟进孩子们新的尝试情况，帮助他们在生活中探究时间、管理时间。

孩子们发现，原本已经不会迟到的城城，周三早上竟然迟到了，于是纷纷询问他。

城城："我本来是9点睡觉，但周二玩了新买的棋牌玩具就很晚了，然后早上就起不来了。"

乐乐："做事要有计划，可以用我们之前游戏前做计划的方法呀，把晚间计划画下来。"

楷楷："遇到特殊情况，及时调整计划。"

当出现影响计划的因素时，孩子们提出了进一步的解决办法，并将做区域计划的经验迁移到解决入园迟到的问题中。孩子们在分享计划的时候，经常会说"我想要……""我必须……"。"我必须"的事情是什么呢？孩子们说："必须就是不管怎样一定要做的意思，就像我必须吃饭、洗澡、睡觉。""我想要做是喜欢做的事情，比如说我想要看电视、拼乐高玩具。"

活动思考：孩子们自发的问题和想法往往代表着他们的真兴趣和真需要，在不断解决问题的过程中，他们能够持续深入地去感知时间，设计自己的晨间计划。从第一次实践发现问题，到第二次针对问题进行调整，幼儿真正成为解决问题的小主人。这个活动也让教师真正地感受到：幼儿提出问题、探索答案的过程，才是真正适合他们的学习方式。

孩子们在计划的过程中更多的是将自己喜欢的事情列入其中，但在实施过程中会发现时间不够用了。在发现问题后，我们一同讨论其中的关键：在做计划时要先判断这个事情是必须要做的吗，如果是必须做的事情就要安排在前，不是必须做的事情安排在后，来不及做的时候可以把不是必须做的事情取消或者推迟。在此过程中，孩子们的计划性不断提升，能够更好地安排自己的时间，真正做时间的主人。

阶段分析与思考

幼儿深入探究的表现（探索与发现）	1. 幼儿提出写下早来园的时间，记录自己来园迟到的情况。 2. 幼儿发现自己不会看钟表。 3. 幼儿在记录的同时表达自己迟到的原因。 4. 幼儿提出制作晨间计划，让自己按照计划做事，不迟到。 5. 幼儿遇到特殊事件，无法按照计划进行活动，导致迟到。
教师支持指导策略和活动形式	1. 教师提供充分的时间及空间鼓励幼儿记录，支持幼儿的想法。 　2. 教师开展认识钟表的集体教育活动，投放绘本、自制钟表，创设钟表展活动。 　3. 支持并帮助幼儿开展"迟到"的话题辩论赛，通过辩论活动引发幼儿回顾平日里的迟到现象，从"因为谁迟到"到"避免迟到的方法"，在辩论中学会用批判性思维思考问题。 　4. 家园共育，合力支持幼儿晨间计划的实施。 　5. 通过开展集体讨论活动，引导幼儿发现要先做计划中必须做的事情，再做想要做的事情。

《指南》中指出，要引导幼儿学习发现问题、分析问题和解决问题；帮助幼儿不断积累经验，并运用于新的学习活动，形成受益终身的学习态度和能力。对于孩子们遇到的迟到问题，教师并没有急于将方法教给孩子，而是把问题抛回给幼儿，鼓励他们自己想解决办法，在交流、讨论、尝试中积累经验，学会思考。

第三阶段：多元表达，展示交流成果

活动：升旗仪式中的分享

又过了一周，大部分小朋友都能按时来园，签到表上的红色笔迹少了很多。孩子们已经会思考在有限的时间内该如何做计划，合理安排作息，早睡早起，管理好时间，减少迟到现象。家长们也惊喜地反馈孩子的进步。格格发现其他班也有很多迟到的小朋友，并将这个发现告诉了好朋友，明明说："我们把不迟到的好方法告诉他们吧。"涵涵说："我想告诉其他小朋友做事情要先做最重要的事情。"糖宝说："我想把我的计划给其他小朋友看，这样他们就知道怎么做计划了。""那我们做一张海报吧。"孩子们兴致勃勃地开始行动，有的小朋友负责画画制作海报，有的小朋友负责介绍，最终在升旗仪式中将自己的好方法分享给了其他班的小朋友。

阶段分析与思考

幼儿获得的新经验与成果展示	1. 幼儿能够合理制定计划，帮助自己管理时间，合理安排作息，早睡早起，避免迟到。 2. 在升旗仪式中分享自己的经验。
教师支持指导策略和活动形式	提供时间与场地，供幼儿分享自己的经验。

活动总结与反思

在整个活动中，教师更多的是在观察倾听中捕捉孩子们在生活中的真实问题，支持孩子们不断发现问题、探究问题、解决问题，帮助他们认识到时间的重要性，并且激发孩子对时间的探索欲望。

从成人的视角来说，我们以前会开展体验一分钟做多少事情的活动让幼儿去感受时间，因为时间是一个抽象的概念，所以孩子体验感并不强。而本次微主题活动让我们站在儿童视角，跟随他们的问题与发现，探索迟到事件背后的原因，也引导孩子们联系生活正视自己迟到的现象及原因，思考不迟到的办法，认识到时间的重要性。

这个活动背后影射的是教师对课程观、儿童观的理解。教师注重儿童的生活，追随孩子的想法，以问题为导向开展活动，将生活与教育紧密联系起来，真正尊重幼儿，践行了"一日生活皆课程"的理念。

十一、新年庙会

教师：李媛

活动缘起

新年快到了，孩子们在游戏中谈论起过新年的事情，言谈间，"庙会"成了孩子们谈论的热点。

北北说："新年的时候，我去过陶然亭庙会。"

安安附和道："我也去过，庙会可热闹了，里面还有舞龙呢。"

程程说："庙会里面还有好吃的、好玩的!"

"我都没去过庙会，我好想去啊?"小喜在一旁有点失落地说着。

"要是我们能在幼儿园里开一次庙会就好了。"小谷提出了开庙会的想法，很快便引发了孩子们不同的意见。

"我们不能开庙会，我们是小孩子。"

"为什么不能开呢，小朋友能做的事情有很多啊……"听着孩子们的讨论，看着孩子期待开庙会的样子，我加入他们的讨论中："小谷提出的想法很好，那么要在幼儿园开庙会，我们都需要做什么呢?"听到我的话，孩子们聚在一起争先恐后地表达着自己的想法。"我想在庙会里玩游戏。""我想和好朋友一起剪纸。"他们提出了很多想要在庙会完成的事情。我鼓励孩子们回家与家人一起了解庙会，用自己喜欢的方式记录下来，再和同伴进行分享。

面对幼儿提出想要举办庙会的想法，我们充分支持幼儿的想法，及时给予幼儿回应与支持。新年庙会是中国传统文化的重要组成部分，庙会活动可以帮助幼儿了解传统的民间艺术、习俗和节日文化，感受到中华文化的独特魅力。孩子们组织开展的庙会活动形式多样、内容丰富，可以获得多种不同的学习和体验机会，通过同伴之间的交流，提高社交能力和人际交往技巧，在同伴间协商讨论、共同解决问题的过程中，增强合作精神。

❀ 活动发展目标

1. 能够主动、友好地和同伴进行交往，感受同伴间互助、合作带来的快乐，积极地解决同伴交往过程中遇到的问题。

2. 尝试制订相关的游戏计划，使用符号、标志、绘画等方式完成计划，能够按照计划逐步完成任务。

3. 能够积极思考、大胆实践，感受获得成功的自豪感。

4. 通过展示、介绍等环节，能够积极表现自我，发展语言表达能力，提升自信心。

☀ 活动思维导图

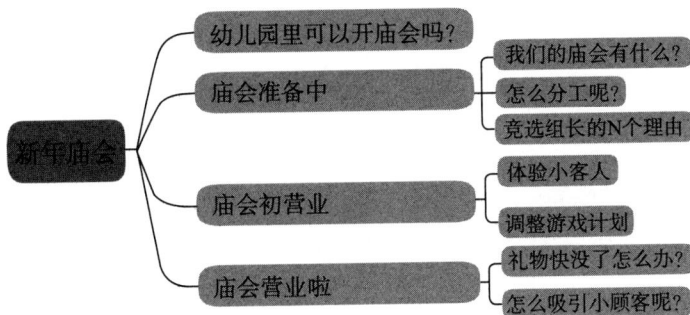

```
                    幼儿园里可以开庙会吗?
                                        我们的庙会有什么?
                    庙会准备中           怎么分工呢?
                                        竞选组长的N个理由
     新年庙会
                    庙会初营业           体验小客人
                                        调整游戏计划
                                        礼物快没了怎么办?
                    庙会营业啦           怎么吸引小顾客呢?
```

☀ 活动过程

第一阶段：兴趣萌发，形成探究问题

活动：庙会准备中

开庙会成了孩子们最大的新年心愿。那么庙会都有什么内容呢？我决定把策划的权力交给孩子，于是我们围绕这个话题开展了围圈讨论。

"咱们班的庙会里都有哪些内容呢？"

"我觉得庙会里面可以有套圈游戏；我想和好朋友玩抽木条的玩具；我想在庙会里面做小吃；能不能在庙会里和我的好朋友一起做手工呢？……"孩子们积极地表达着自己的想法，每个想法都得到了同伴的呼应。我也提出了我的问题："这么多的内容，咱们怎么选呢？"

北北："我觉得庙会里面肯定有好吃的。"

旺仔："但是不能每个都选啊，我们没有这么大的地方。"

苗苗："在哪里开庙会？我们需要很大的地方。"

"那么哪个场地最适合呢？"我抛出问题，鼓励孩子结伴在幼儿园进行实地考察后给出合理建议。于是孩子们三五成群运用马赛克魔毯的方式将幼儿园适宜开庙会的地方都拍了下来，回班一起分享。

小米说："我们可以在班里开庙会。"

北北反驳道："不行，班里不够大，我觉得二层平台可以。"

小喜说道："但是现在已经是冬天了，平台太冷了。"

"我们要找一个暖和的地方。"元宝说。

"大厅可以，很大还很暖和。"嘟嘟说。

恩恩指着大厅的照片说道："对，我觉得大厅可以，大厅中间可以用来玩套圈。"

"我也觉得大厅适合，剪纸需要桌子，我们可以用这些桌子。"萌萌指着照片里大厅中的桌子说道。孩子们通过讨论，一致觉得大厅最适合开庙会，并通过观察大厅布局，商量出本次庙会中开展的六项活动内容。

阶段分析与思考

幼儿感兴趣的话题	1. 什么是庙会？ 2. 庙会里面有什么？ 3. 可以在幼儿园里开庙会吗？ 4. 在哪里开庙会呢？
幼儿的表现与想要探究的问题	1. 在谈话中表现出对庙会非常感兴趣。 2. 乐于分享庙会的相关经验。 3. 有想要参加庙会的想法。 4. 想要寻找适宜的场地开庙会。
教师支持策略	1. 利用围圈时间进行关于庙会的话题讨论。 2. 了解幼儿关于庙会的已有经验。 3. 借助视频、绘本等多种形式帮助幼儿深入了解庙会内容。 4. 利用马赛克中魔毯的方式鼓励幼儿使用不同形式记录下自己选择的地点。
可利用的资源	1. 社会资源：庙会是中国新年期间传统的民间集市，部分幼儿具备相关经验。 2. 家长资源：家长对庙会有丰富的经验，能够提供给幼儿适当的经验支持。 3. 绘本资源：《北京的庙会》。 4. 园所资源：幼儿园充分支持幼儿开展大型活动。

本次活动，我们借助马赛克魔毯的方式，鼓励孩子们结合实际情况选择适宜场地。在实地考察过程中，孩子们把自己认为适宜的地方拍下来，并在魔毯回顾时，积极表达自己的想法和理由。当遇到不同意见时，也能倾听和接受他人意见，并在交流讨论中根据场地商量出六项内容。这样的学习过程使我感受到，教师适宜的退后，为孩子们创设宽松的空间，会听到孩子们关于实现想法的一百种声音。倾听孩子的想法，是我们教师在课程开展之初不可或缺的环节。

第二阶段：深入探究，亲历解决问题

活动一：我们怎么分工呢?

确定了庙会内容，孩子们开始热火朝天地准备。套圈小组最先做完准备工作并迫不及待地邀请其他小朋友体验。在体验中，每个人都争抢着想要发圈，而体验的小朋友在哪里投的都有，场面一度混乱。看到这一场景，我在体验结束后邀请孩子们一起分享体验感受。"玩套圈的小朋友一点也不遵守游戏规则，每个人都扔很多次；组织的小朋友都没有告诉我们站在哪儿啊；每个人投几次也不一样……"听着孩子们的抱怨，我温和地说："你们说的我也看到了，确实有点乱，那么想一想你去的庙会是什么样的呢?"

有过参加庙会经验的北北说道："我去庙会的时候，看到有的人在外面跟客人打招呼，有的人在里面烤串，还有的人收钱，每个人的工作都不一样。"

"北北说得对，那我们的庙会是不是也要商量一下分工呢?"我追问道。

元宝提出："我们每个人需要有自己的工作，像每天的值日生一样，一个人负责一件事，还需要一个组长。"包包提出："如果你是组长，你需要知道都有哪些工作要做。"

小米说道："你必须很了解你的摊位；要能和小朋友一起完成所有工作；组长要知道我们活动所需要的所有材料。"

孩子们提出了担任组长的必备条件，很多孩子都想要尝试竞争组长职位，于是我们生成了组长竞选会的活动，鼓励想要当组长的孩子走到前面向同伴介绍自己擅长的内容。

安安到前面说："我每天都去美工区，我在美工区特别喜欢用黏土捏各种各样的东西，美工区展示架上有很多我的作品，所以我觉得我更适合当泥人摊位的小组长。"

萌萌说："我会好几种剪纸方法，我跟妈妈在家里已经尝试过很多种剪纸的方法了，我们家有好多剪纸作品，我想当剪窗花组的小组长。"

活动思考：当关注到游戏场面逐渐混乱时，我并没有直接介入，而是将问题交还给孩子们，鼓励孩子们借助已有经验解决问题。当孩子们提出庙会工作要有分工的时候，我及时提供支持，鼓励孩子们按照自己的想法实施。孩子们能够结合不同工作的特点进行具体分工。组长的竞选源于孩子们分工中遇到的新问题，借助新问题产生的契机，我们生发出了组长竞选会的活动。通过展示特长竞选组长，回顾问题解决的过程，我看到了有思考、有能力的孩子，而教师及时将解决问题的机会交还给幼儿，更是鼓励幼儿推进课程开展的重要环节。

活动二：庙会试营业

通过制定分工和组长竞选会，孩子们确定了庙会工作内容的划分，同伴之间相互配合，完成了庙会的准备工作。孩子们商量着邀请大三班的小朋友来参加我们班的庙会活动，在大三班小朋友来之前，孩子们决定先在班中进行试营业。试营业结束后，我们利用儿童会议的方式和孩子们一起总结了第一次试营业的过程中遇到的问题。

安安作为写福字的小老板，说："剪窗花的人很多（图3-85），但是我这人很少，大家都不愿意写福字。"

图3-85

涵涵有点不高兴地说："为什么我们的摊位上人这么少呢？"

"为什么有的摊位没有人呢？"我随即提出了疑问。子逸站起来说："因为套圈能带礼物回去。"

"每个小朋友都喜欢套圈。"萌萌说。

"那我们怎么才能让来到庙会的小朋友去参与每个游戏呢？"紧跟着孩子们的讨论，我立即进行了追问，孩子们也提出了自己的想法。

包包说："我们可以给他们发门票，你有几张门票就能玩几个游戏。"

"那没有门票了怎么办呢？"

"他可以再挣门票，就像我们之前可以用积分来兑换心愿卡一样。"对于元宝的想法，小朋友们表示了认同。

"那哪个摊位能够获得门票呢？"我继续追问。

萌萌提出："如果他来我的摊位剪窗花，剪得好看的话，我可以给他一张门票。"

程程提出："水果沙拉能吃到好吃的水果，我觉得应该收一张门票。"

通过孩子们的讨论协商，根据每个摊位不同的特点，我们再次调整了庙会计划。在庙会中增加了挣游戏兑换券和消费游戏兑换券的游戏方式，及时解决了小客人分布不均的问题。

活动思考：庙会试营业中，套圈的礼物吸引着小客人光顾，而一些需要动手操作的手工内容则让小客人望而却步。面对没有客人的情况，孩子们第一时间进行头脑风暴，利用在日常生活中积分兑换心愿卡的经验尝试解决问题，增加游戏兑换券，保证庙会中小客人的分布情况，从而解决部分小组没有客人的问题。面对没有客人的情况，孩子们并没有气馁，而我也选择相信孩子，鼓励孩子们通过问题讨论、经验迁移、同伴协商梳理出解决问题的方法。教师适当退后给予幼儿解决问题的空间与时间，打破传统思维定式，鼓励孩子们发挥想象力，增强创新能力，为后续课程推进打下良好基础。

🚗 阶段分析与思考

幼儿深入探究的表现（探索与发现）	1. 自主设计庙会内容，结合场地大小确定庙会内容及场地划分。 2. 迁移以往庙会经验，结合班级庙会活动，确定具体工作内容以及人员分工。 3. 结合自身特长参与组长竞争，积极表现、大胆展示，带领组员制订计划。 4. 代入客人角色感受游戏，亲身实践发现问题，小组合作解决问题。复盘试营业游戏过程，发现没有人的问题，结合问题进行讨论，整合游戏经验，调整游戏计划。
教师支持指导策略和活动形式	1. 充分放手，支持幼儿开展活动，鼓励幼儿设计庙会游戏内容。当幼儿提出想要实地考察场地情况的时候，充分支持幼儿走进大厅，通过实际观察、测量，协商完成场地的划分。 2. 当教师关注到小组内没有人员分工的时候，及时提出问题，引发幼儿思考并尝试人员分工，划分工作内容，推进庙会活动持续开展。 3. 面对孩子们提出竞选组长的内容，教师充分支持，并鼓励幼儿到集体面前积极展示自我。 4. 教师鼓励幼儿代入不同角色，感受不同的游戏，在实践过程中发现问题。

在活动过程中，教师借助马赛克方法中的魔毯策略，鼓励幼儿通过实地考察、亲身实践的方式完成场地划分、人员分工。在试营业过程中通过体验游戏的方式代入小客人的角色感受不同游戏，从而使用不同方法解决问题。在课程实施中，幼儿关注到人员分工不明确等问题，教师并没有第一时间介入幼儿的游戏，而是及时将解决问题的机会交还给幼儿。在课程实施的过程中，幼儿能够通过同伴间的经验交流、相互学习解决问题，在与他人意见不一致的时候能够主动倾听、思考，尝试接纳他人提出的建议，为今后的学习与生活提供适宜的帮助。

第三阶段：多元表达，展示交流成果

活动：庙会营业了

经过紧张的筹备工作，我们迎来了庙会活动的正式开放。套圈摊位和以往一样，刚开始就迎来一大波客人的光顾，家长和孩子们都能够轻松地套中摆在地上的礼物。看着礼物减少，身为小摊主的旺仔有些着急，他撤掉了摆在前排礼物下的积木，增加了游戏的难度。但是一轮尝试过后，旺仔发现家长依旧能够轻松地套中礼物，于是他又将套圈的规则调整为一张游戏券只能兑换一个圈。虽然游戏兑换的难度增大了，但是依然有很多小朋友愿意过来尝试。旺仔的规则调整，不仅保护了他的礼物，而且增加了其他摊位的迎客率，很多小朋友为了有更多的游戏券，争分夺秒地到可以挣到游戏券的摊位体验。与旺仔相比，水果沙拉这个摊位光顾的人不多，孩子们也显得有些失落，于是我走到程程身边询问道："程程，你们的水果沙拉做得真好，怎么能够吸引更多的客人来品尝呢？"

程程想了想说："可以买一送一，用一张兑换券可以在我这里获得两杯水果沙拉。"

小米也提道："可以先尝后买，觉得好吃再付游戏券。"

听到孩子们的想法，我鼓励道："你们的主意真棒，可以用话筒试一下，看看是否有人被吸引来呢？"我将话筒递给孩子们，两位小摊主自信地拿起话筒介绍起来（图3-86）。

图 3-86

活动思考：面对庙会活动中不断产生的新问题，孩子们始终处于积极思考的状态，从及时调整的套圈游戏中能感受到孩子们善于使用不同策略解决游戏中的问题。当我关注到水果沙拉摊位客人较少的情况时，我选择倾听孩子们的想法，及时提供材料支持，鼓励孩子们变换不同的方式招呼客人。活动让我感受到倾听的重要性，及时倾听孩子的想法，相信孩子的力量。相信在教师适当的放手、退后的过程中，孩子们一定会带给我更多的惊喜。

阶段分析与思考

幼儿获得的新经验与成果展示	1. 幼儿在活动过程中能够积极介绍游戏内容，在游戏中持续观察、持续思考，运用以往的游戏经验解决问题，发展语言表达能力、逻辑思维能力、问题解决能力等。 2. 幼儿发现礼物将要被套光，通过比较游戏圈与游戏难度之间的关系，及时调整游戏圈数，增加游戏难度，化解游戏危机。 3. 当光顾的客人比孩子们预期的效果少的时候，幼儿通过调整宣传策略的方式来吸引客人。
教师支持指导策略和活动形式	1. 教师充分放手，赋权幼儿，鼓励幼儿成为游戏的主人，将游戏的决策权、场地的使用权、规则的建立权还给幼儿，鼓励幼儿通过小组合作的方式形成不同的项目小组，在同伴间相互配合、相互学习的过程中实现学习能力的提升。 2. 开展大型开放活动，邀请家长进入幼儿园参与到幼儿组织实施的新年庙会活动中。 3. 当幼儿发现、解决问题的时候，教师给予幼儿尝试探索的机会，鼓励幼儿通过观察、思考、调整等方式解决游戏中遇到的问题。

活动总结与反思

回顾整个活动，我真切地感受到儿童是有能力的学习者，这是第一次完全由幼儿来策划和承担的亲子活动，孩子们敢想敢干，在组织、策划、筹备、实施等一系列活动中成为活动的主人。

在活动中，我们通过围圈时间和儿童会议的方式，鼓励幼儿积极表达自己的想法。幼儿在不断的实践过程中发现问题，运用批判式思维模式发现问题、解决问题，如庙会前，让孩子们结合场地选择适宜的内容；庙会中，让孩子们在实践中发现人员分配的问题，给孩子们学会合作的机会等。教师适时地为幼儿提供材料、时间、空间、经验的支持，是相信的力量促使我追随孩子们的脚步，与孩子们一起一步一步完成庙会的活动，感受活动过程中孩子们带给我的惊喜。在活动开展中，孩子们获得了多方面的收获。在进行课程审议的过程中，我们也关注到活动能够带给孩子们多方面的学习与收获，对于幼儿的社会适应能力、同伴交往能力都有着极大的发展。面对活动中的问题，幼儿处于持续思考的状态，调动以往的游戏经验来解决问题，从而将问题解决后的收获转化成新经验，对于幼儿的逻辑思维能力、问题解决能力有着极大的帮助。当新年庙会的活动结束后，幼儿的兴趣并没有随之降低，而是计划邀请幼儿园的老师参与到新年庙会的活动中。幼儿根据教师人数、时间安排对已有游戏计划进行后续的调整，筹备教师新年庙会的游戏计划也被孩子们列入日常的计划中。

1. 活动目标的达成度与内容的适宜性。

整个活动实施的过程中，幼儿始终处于持续思考、积极解决问题的状态中，能够较好地使用标记、符号等方式完成活动内容的梳理与记录。新年庙会活动贴近幼儿的生活且为幼儿后续假期中的新年活动做好经验铺垫。

2. 亮点与不足。

在课程实施的过程中，教师能够大胆放手，始终相信幼儿，给予幼儿充分探索尝试的时间与空间，追随幼儿脚步逐渐推进课程。在后续活动中，鼓励幼儿继续调整教师新年庙会活动的计划，根据不同角色进行相应游戏内容的设计。

图书在版编目（CIP）数据

幼儿园微主题探究课程故事 / 高云主编. -- 北京 ：
农村读物出版社，2024. 8. -- ISBN 978-7-5048-5860-3

Ⅰ. G612

中国国家版本馆 CIP 数据核字第 2024TH9787 号

幼儿园微主题探究课程故事
YOUERYUAN WEI ZHUTI TANJIU KECHENG GUSHI

农村读物出版社出版
地址：北京市朝阳区麦子店街 18 号楼
邮编：100125
责任编辑：马英连
版式设计：杨　婧　　责任校对：张雯婷
印刷：北京中兴印刷有限公司
版次：2024 年 8 月第 1 版
印次：2024 年 8 月北京第 1 次印刷
发行：新华书店北京发行所
开本：700mm×1000mm　1/16
印张：12
字数：239 千字
定价：58.00 元

◎探索幼儿世界的微奥秘，让成长更自然

这本书不仅是幼儿园课程革新的结晶，更是对幼儿生活与学习奥秘的深情探寻。教师利用生活中的小话题、小事件、小问题点燃幼儿主动学习的热情，引领幼儿走进一个充满好奇与发现的微世界。微主题探究活动，让孩子们在真实情境中体验、探究、成长，每一刻都充满惊喜与可能。

◎儿童为本，生活为源

微主题探究活动不局限于传统的教育模式，而是从儿童的兴趣和需要出发，引导他们自主学习、探究成长。在这里，教育回归本真，以儿童为中心，鼓励他们跟随内心的指引，自主发现、自主提问、自主解决。每一个微主题，都是一次对幼儿个性化成长的深情拥抱。

◎探究三部曲，见证成长

从兴趣萌发到深入探究，再到多元表达，本书精心梳理的实施路径，如同一张张藏宝图，引领师生一步步揭开学习的奥秘，记录下成长的每一步脚印。

◎教师与幼儿共同成长

微主题探究活动的实施，让教师从传统的"教"转变为"引"，从"主导"变为"陪伴"。在观察、倾听、支持中，教师与幼儿一同成长，一同探索未知的世界。

封面设计：杨 婧

欢迎登录中国农业出版社网站：http://www.ccap.com.cn
欢迎拨打中国农业出版社读者服务部热线：010-59194918，65083260
欢迎拨打中国农业出版社美少分社热线：010-59194987，59194358

中国农业出版社天猫旗舰店　　中国农业出版社官方微信号　　中国农业出版社美少分社订阅号

ISBN 978-7-5048-5860-3
9 787504 858603 >

定价：58.00元